Und mittendrin der freche Hans

Gedichte für Grundschulkinder

Herausgegeben
von
Gerhard Sennlaub

Cornelsen

Und mittendrin der freche Hans
Gedichte für Grundschulkinder

Herausgegeben von Gerhard Sennlaub

Umschlagentwurf: Birgit Rieger

1. Auflage – 5. Druck 1991
Alle Drucke dieser Auflage können, weil untereinander
unverändert, im Unterricht nebeneinander verwendet
werden.

© 1986 Cornelsen Verlag, Berlin

Druck: Saladruck, Berlin

ISBN 3-464-03665-0
Vertrieb: Cornelsen Verlagsgesellschaft, Bielefeld
Bestellnummer 36650

Der Inhalt, zwei Tips und zwei Vorschläge
Der Inhalt bis ins kleinste steht hier noch
nicht. Ein genaues **Verzeichnis aller
Gedichte** findet ihr aber hinten im Buch.   Seite 105
Danach gibt es auch ein **Register**. Wer zu
einem bestimmten Thema ein Gedicht sucht,
kann hier bei den Stichwörtern nachsehen.   Seite 109

Dieses Buch hat vier Teile:
Im ersten Teil stehen Lautgedichte. Sie
helfen, die verschiedenen Laute zu unter-
scheiden. Man braucht sie deshalb unbedingt
in Klasse 1.   Seite   5
Im zweiten Teil stehen Gedichte für die
Klassen 1 und 2. Sie gefallen aber auch
größeren Kindern.   Seite 11
Im dritten Teil folgen die Gedichte für
die Klassen 3 und 4.   Seite 33
Der vierte Teil enthält Gedichte zum Selber-
machen und ein Reimwörterlexikon. Hier
könnt ihr selber reimen.   Seite 84

Nun folgen zwei Tips:
Der erste Tip betrifft das Lernen von Gedichten. Am
besten geht es so: Lest das Gedicht laut und gebt euch
Mühe, es gut zu lesen. Lest immer wieder. Plötzlich merkt
ihr, daß ihr eine Zeile auswendig könnt. An dieser Stelle
braucht ihr dann nicht mehr ins Buch zu sehen. Nach und
nach seht ihr immer seltener ins Buch.
Der zweite Tip betrifft das auswendige Sprechen. Viele
Kinder haben Angst vor dem Steckenbleiben. Macht es
einfach so: Eine Freundin oder ein Freund liest im Buch
mit und sagt euch leise vor, wenn ihr einmal steckenbleibt.

Zum Schluß noch **zwei Vorschläge**:
Fast jede Zeile eines Gedichts kann man unterschiedlich sprechen. Jedes Kind sollte so lange probieren und bei anderen Kindern horchen, bis es ein Gedicht so sprechen kann, wie es ihm gefällt.
Der zweite Vorschlag: Gebt euch mit den Zeilenenden besonders Mühe. Es ist nämlich nicht schön, wenn die Stimme an jedem Zeilenende ähnlich klingt. Wenn der Satz über die Zeile hinweggeht, muß man das an eurer Stimme hören.

Wenn ihr diese Vorschläge beachtet, hört die elende Gedichteleierei in den Schulen endlich auf.

Erster Teil

Lautgedichte

Inhalt

Lautgedichte

b *Die Brabbelberta*

Berta Butz begann als Baby
Bald schon mit der Brabbelei.
Babbelnd, brabbelnd sagte Berta:
Bitte, bitte, Baby Brei!
Baby wollte Birnen haben,
Baby babbelt: Bittebitt.
Baby bittet: Baby Breilein,
Baby Birne, Baby Eilein!
Baby macht auch oft Geschreilein.
Und die Mutter macht was mit.
Bribbel, brobbel, brubbel, brabbel,
Brabbelberta, halt den Schnabel!
Brabbelberta, gib doch Ruh!
Mach den Brabbelschnabel zu!

James Krüss

b, a,   Ein Bage Bege Bige Boge Buge Packpapier.
e, i,   Zwei Bage Bege Bige Boge Buge Packpapier.
o, u   drei . . .

Sprecht erst langsam. Dann immer schneller. Versucht doch mal, im Chor zu
sprechen. Den Unterschied zwischen B und P muß man deutlich hören.

p   Das ist der Schlüssel zu dem Pippa-Ponzenberg.
Auf dem Pippa-Ponzenberg wohnt die Pippa-Ponzenfrau.
Die Pippa-Ponzenfrau hat drei Pippa-Ponzentöchter,
und die Pippa-Ponzentöchter essen Pippa-Ponzenpapp
von den Pippa-Ponzentellern mit den Pippa-Ponzenlöffeln.

h   Hinter Hermann Hannes Haus | Hundert Hasen hopsen stolz
hängen hundert Hemden raus, | über hundert Hecken.
hundert Hemden hängen raus | Hinter hundert Haufen Holz
hinter Hermann Hannes Haus. | wolln sie sich verstecken.

sch Kleine Schni Schna Schnattergänse
schnattern schnick und schnack.

g Große Gi Ga Gackergänse gackern gi-ga-gack.

k Klitzekleine Kinder können keinen Kirschkern knacken.

k Knix, knax, knux, wir machen gerne Jux.
Knux, knax, knix, bei uns geht alles fix!

m Meine Mi, meine Ma, meine Mutter schickt mich her:
ob der Ki, ob der Ka, ob der Kuchen fertig wär.
Wenn er ni, wenn er na, wenn er noch nicht fertig wär,
komm ich mi, komm ich ma, komm ich morgen wieder her.

n Herr Nikolaus von Nasenschleim
sucht einen neuen Namen aus:
Ihr netten Leute, neckt mich nicht
und nennt mich nur noch Nikolaus.

d Sieben dumme Düsseldorfer Detektive
liefen hinter sieben nudeldicken Dackeln her.
Doch die sieben nudeldicken Dackel
schlüpften in ein Loch,
und die sieben dummen Düsseldorfer Detektive
suchen immer noch.

Josef Guggenmos

d Der didldadldudldicke Dieter
trägt die didldadldudldicke Dirn
durch das didldadldudldicke Dorf.
Da dankt die didldadldudldicke Dirn
dem didldadldudldicken Dieter,
daß er sie durchs didldadldudldicke Dorf
didldadldudldick getragen hat.

t Tausend talentierte Tanten tanzen tausend Treppen krumm.
Tausend talentierte Tanten fallen vor Erschöpfung um.

w Wir Wiener Waschweiber
wollten weiße Wäsche waschen,
wenn wir wüßten,
wo weiches, warmes Waschwasser wär'.

f Fischers Fritz fischt in der Frische frische Fische.

r Dreiunddreißig riesige Reiter ritten dreiunddreißigmal
um das große, runde römische Rathaus.

s Elleri selleri sibberi sarr, sibberi sabberi Knull.

st Ein Student mit Stulpenstiefeln
stand auf einem spitzen Stein.

z Zweiundzwanzig zierliche Zwerge zwicken zwei zweckige,
zwackige, zappelige Zwickelkrebse.

Abzählverse

w Ene, wene, winne, wonne, wie, wo, weg!

d, b Entje dentje ditje datje – zibberde bibberde bontje batje
zibberde bibberde bu, ab bist du!

au Eine kleine Spitzmaus lief ums Rathaus,
wollte sich was kaufen, hat sie sich verlaufen.
A und u, aus bist du!

x Ixen dixen Silbernixen!
Ixen dixen daus – du bist aus!

Hexenrufe und Zaubersprüche

Em-ma
karre warre wem-ma,
karre warre winkel tinkel tem-ma,
schöne Emma!

Ong drong dreoka,
lembo, lembo, seoka,
seoka di tschipperi,
tschipperi di kolibiri,
ong drong dreoka.

Eni beni suptraheni,
divi davi domi neni,
ecca brocca, casa nocca,
zingele zangele dus!

Ane zwane drane väre funke,
sake knake zepple bohne baffs.

Diese Verse könnten Hexenrufe oder Zaubersprüche sein. Dann müssen sie
geheimnisvoll und beschwörend gesprochen werden. Ihr könnt dazu auch
klatschen, mit den Fingerknöcheln auf die Tische schlagen oder mit den
Füßen stampfen. Jede Klasse macht es anders.
Ein besonders schönes Gefühl ist es, wenn alle Kinder im Takt zum Sprechen
um ein Feuer gehen. Sie sprechen dann mit dumpfer Stimme im Chor. Man
kann natürlich auch im verdunkelten Raum um ein gedachtes Feuer gehen.
Ihr könnt zu den Versen auch malen. Für die dunklen Laute a, o und u könnt
ihr eine dunkle Farbe wählen, für die hellen Laute eine helle Farbe.
Wie wär's mit Instrumenten?

Herr Glamek buchstabiert

Herr Glamek spricht am Telefon
mit seinem Nachbarn Peterson.
Er glaubt, daß man ihn nicht versteht,
und buchstabiert, so laut es geht:
„Hier Glamek – sprech ich denn so leise?
Ich wiederhole, stückchenweise:
Glamek – mit G wie in Giraffe,
mit L wie Löwe, A wie Affe,
mit M wie Möwe, E wie Ente,
und K wie Kuh –
Hallo! Ja hören Sie denn auch zu?"

Herr Peterson, der nicht versteht,
was bei Herrn Glamek vor sich geht,
der ruft: „Hallo!
Ist dort der Zoo?"

Hans Georg Lenzen

Habt ihr ein altes Telefon in der Klasse? Dann könnt ihr dieses Gedicht
spielen.
Ihr könnt auch andere Namen buchstabieren. Wenn euch zu einem Buchstaben kein Tier einfällt, nennt einfach einen Gegenstand.

Zweiter Teil

Gedichte für die Klassen 1 und 2

Inhalt Seite

Katharina

Katharina, Katharine
schrieb auf einer Schreibmaschine
nachts um zwölf, als alles schlief,
an die Eltern diesen Brief:

```
Sagt mir einmal, warum dürfen
große Leute Suppe schlürfen?
Warum dürfen sie laut gähnen,
warum stochern sie in Zähnen,
weshalb dürfen sie in Ohren
mit dem kleinen Finger bohren?
Warum darf ich's aber nicht?
Warum habe ich die Pflicht,
einem Musterkind zu gleichen
. . .
```

Hans Manz

Man sieht auf den ersten Blick, daß dieses Gedicht zwei Teile hat. Ihr müßtet euch überlegen, ob ihr die beiden Teile unterschiedlich sprechen wollt.
Bei den Fragen muß man an eurer Stimme hören, daß es Fragen sind.
Zwei Stellen an Zeilenenden sind gefährlich: bei „dürfen" und bei „Ohren".
Leider muß man sagen: Viele Kinder leiern hier. Aber manche können über die Zeilenenden hinweglesen.
Ein Tip: Wer meint, er werde zu Hause benachteiligt, könnte seinen Eltern auch einen Brief schreiben – allerdings ohne Reime.
Die letzte Zeile fehlt: Dichtet selber eine. Welche Hans Manz sich ausgedacht hat, ist auf Seite 88 versteckt.

O unberachenbere Schreibmischane

O unberachenbere Schreibmischane,
was bist du für ein winderluches Tier?
Du tauschst die Bachstuben
günz nach Vergnagen
und schröbst so scheinen
Unsinn aufs Papier!
Du tappst die falschen Tisten,
luber Bieb!
O sige mar, was kann da ich dafür?

Josef Guggenmos

Habt ihr schon einmal Schreibmaschine geschrieben? Dann habt ihr auch
erlebt, was hier beschrieben wird.
Wenn man dieses Gedicht liest, kriegt man eigene spaßige Ideen. Zum Beispiel: Vertauscht in einem Satz mehrmals die Selbstlaute a, e, i, o und u – ähnlich, wie sie hier gegeneinander vertauscht werden. Spröchwirter eignen sich
gut.
Wer schon etwas Schreibmaschine schreiben kann, sollte mal ein selbstge-
schriebenes Blatt in die Schule mitbringen. Vielleicht dürft ihr solche Blätter
in der Klasse aufhängen.

zwicke zwein
in das Bein

zwicke zwie
in das Knie

zwicke zwand
in die Hand

zwicke zwacke
in die Backe

zwicke zwarm
in den Arm

zwicke zwauch
in den Bauch

zwicke zwals
in den Hals

zwicke zwase
in die Nase

zwicke zwabel
in den Nabel

Jürgen Spohn

„Zwicken" heißt soviel wie „kneifen".
Bastelt doch mal eigene Zwicke-Verse von Körperteilen!
Übrigens: Es muß ja nicht immer „zwicke" sein. „Platsche" klingt doch auch
schön.
Wer kann Platsche-Verse von der Schule schreiben?
Zum Beispiel: Platsche plafel
              auf die Tafel

Pampelmusensalat

Bei der Picknickpause in Pappelhusen
aß Papa mit Paul zwei Pampelmusen.
Doch bei dem Pampelmusengebabbel
purzelte plötzlich der Paul von der Pappel
mit dem Popo in Papas Picknickplatte,
wo Papa die Pampelmusen hatte.

„O Paul", schrie Papa, „du bist ein Trampel!
Plumpst mitten in meine Musepampel –
ich wollte sagen: in die Mampelpuse –
nein: Pumpelmase – nein: Pampelmuse!"

Das gab vielleicht ein Hallo!
Die Pappeln, der Papa, der Paul und sein Po,
das Picknick, die Platte (um die war es schad) –
das war ein Pampelmusensalat!

Hans Adolf Halbey

Witzbolde betonen jedes P am Wortanfang überdeutlich. Manchmal meint
man Spucketröpfchen sprühen zu sehen. Aber ehe ihr das so lest, müßt ihr
mehrmals üben, die schwierigen Wörter einzeln zu lesen.
Viele Zeilen kann man verschieden sprechen, je nach Geschmack. Zum Beispiel die erste Zeile der dritten Strophe. Da könnt ihr „Das" betonen oder
„gab" oder „Hallo". Probiert es einmal. Was gefällt euch am besten?
Ein Tip: Schreibt doch mal einen eigenen „Salat" mit einem oder mehreren
Spielwörtern: PAM PEL MU SEN   BA NA NEN   AP FEL SI NEN. Zum
Beispiel: BANASIPEL.

Pan patapan

Hei, mein Pferdchen trabt geschwind
pan patapan patapan,
läuft noch schneller als der Wind,
pan patapan patapan.

Wenn es durch das Wasser patscht
. . .
gleich geht's wieder ganz geschwind,
läuft noch schneller als der Wind.

Wenn es durch die Wälder bummelt
. . .
gleich darauf geht's ganz geschwind,
läuft noch schneller als der Wind:
pan patapan patapan.

(Aus Frankreich)

In diesem Gedicht ist mit Sprache „gemalt", wie das Traben des Pferdchens klingt. Auf dem Weg hört sich das so an: Pan patapan patapan. Wenn ihr das klatscht, hört ihr es besonders gut. Ihr könnt auch mit den flachen Händen auf die Tische klopfen.
Wie klingt wohl das Traben durch Wasser? Und wie das Traben auf Waldboden? Das könnt ihr euch selber ausdenken. Deshalb sind diese beiden Zeilen nicht mitgedruckt. Wie in diesem Gedicht die Geräusche mit Sprache ausgedrückt worden sind, ist auf Seite 88 versteckt.

Traktor-Geknatter

Ein Traktor kommt um die Ecke gerattert.
Man kennt ihn gleich, wie er klappert und knattert
und rüttelt und ruckelt
und zittert und knackt
und schüttelt und zuckelt
und stottert im Takt –
bis unter die Brücke zum dicken Bagger
wackelt der Traktor mit taketa-taka
taketa-taka taketa – pff
take-pff
take- – aus!
Dann geht der Traktorfahrer nach Haus.

Hans Adolf Halbey

Ihr müßt euch unbedingt anhören, wie der Motor eines Traktors klingt, wenn er abgestellt wird. Diese Geräusche hat Hans Adolf Halbey mit Sprache „gemalt". Und ihr könnt sie mit eurer Stimme nachahmen.

Der Frühling kommt bald

Herr Winter,
geh' hinter,
der Frühling kommt bald!

Das Eis ist geschwommen,
die Blümlein sind kommen,
und grün wird der Wald.

Herr Winter,
geh' hinter,
dein Reich ist vorbei.

Die Vögelein alle
mit jubelndem Schalle
verkünden den Mai!

Christian Morgenstern

Früher litten die Menschen viel mehr unter dem Winter als wir heute. Darum feierten sie das Ende des Winters. Wenn der Schnee schmolz, trieben sie in vielen Städten einen als Winter verkleideten Menschen aus der Stadt. Dazu sangen sie Spottlieder, tanzten und sprachen Zaubersprüche gegen den Winter. Sie machten viel Lärm dazu, um den Winter zu vertreiben.
Christian Morgenstern hat Verse zum Winteraustreiben nachgedichtet. Sprecht und spielt so, wie es früher gewesen sein könnte. Zum Beispiel: Einer spricht die ersten drei Zeilen jeder Strophe mit energischer Stimme. Einige Kinder machen Lärm mit Rasseln und Klappern dazu. Die anderen Zeilen kann die ganze Klasse im Chor sprechen. Oder findet ihr eine andere Möglichkeit?

Die Tulpe

Dunkel
war alles und Nacht.
In der Erde tief
die Zwiebel schlief,
die braune.

Was ist das für ein Gemunkel,
was ist das für ein Geraune,
dachte die Zwiebel,
plötzlich erwacht.
Was singen die Vögel da droben
und jauchzen und toben?

Von Neugier gepackt,
hat die Zwiebel einen langen Hals gemacht
und um sich geblickt
mit einem hübschen Tulpengesicht.

Da hat ihr der Frühling entgegengelacht.

Josef Guggenmos

In diesem Gedicht kommt der Endreim -acht immer wieder vor. Sucht ihn mal.
Wenn die Zwiebel einen „langen Hals" macht, ist auch die Zeile am längsten. Sprecht diese Zeile ziemlich schnell, dann kann man regelrecht hören, wie die Tulpe ihren langen Stengel aus der Erde schiebt.
Die letzte Zeile ist sehr wichtig: Erst war alles dunkel – und nun dieser Gegensatz! Kann man das an eurer Stimme hören? Mit einem Kassettenrecorder könnt ihr es leichter üben.
Wer kann ein anderes Blumengedicht machen, in dem der Endreim -acht oft vorkommt? Schaut mal im Reimwörterlexikon auf Seite 90 nach.

Der Winter

Die Pelzkappe voll mit schneeigen Tupfen,
behäng' ich die Bäume mit hellem Kristall.
Ich bringe die Weihnacht und bringe den Schnupfen,
Silvester und Halsweh und Karneval.
Ich komme mit Schlitten aus Nord und Nord-Ost.
– Gestatten Sie: Winter. Mit Vornamen: Frost.

Mascha Kaléko

„Gestatten Sie!" sagt man manchmal, wenn man sich anderen Leuten zum erstenmal vorstellen will. Herren sagen das oft mit einer kleinen Verbeugung. So solltet ihr auch den letzten Satz sprechen.

Die drei Spatzen

In einem leeren Haselstrauch,
da sitzen drei Spatzen, Bauch an Bauch.

Der Erich rechts und links der Franz
und mittendrin der freche Hans.

Sie haben die Augen zu, ganz zu,
und obendrüber, da schneit es, hu!

Sie rücken zusammen dicht, ganz dicht.
So warm wie der Hans hats niemand nicht.

Sie hörn alle drei ihrer Herzlein Gepoch.
Und wenn sie nicht weg sind, so sitzen sie noch.

Christian Morgenstern

Eine besondere Kunst ist es, in der dritten Strophe „hu" so zu sprechen, daß einige Zuhörer frösteln.

Weihnacht

Christkind ist da,
sangen die Engel im Kreise
über der Krippe
immerzu.
Der Esel sagte leise:
I – a
und der Ochs sein Muh.
Der Herr der Welten
ließ alles gelten.
Es dürfen auch nahen
ich und du.

Josef Guggenmos

Dezember

Im Stall bei Esel, Ochs und Rind zur Nacht geboren
ward das Kind. Und wieder still wie ehedem der Stern
leucht' über Bethlehem. Gott in der Höh sei Preis und
Ehr' und Fried' den Menschen weit umher.

Josef Weinheber

Josef Weinheber hat das Gedicht in sechs Zeilen geschrieben. Damit ihr es
leichter sprechen könnt, ist es hier anders gedruckt. Wer Lust hat, kann es ja
wieder in sechs Zeilen zurückverwandeln. Wer möchte, kann ein Bild dazu
malen.
Fragt doch mal eure Lehrerin oder euern Lehrer, ob ihr euch aussuchen dürft,
welches der beiden Gedichte ihr lernen wollt.

Will sehen, was ich weiß vom Büblein auf dem Eis

Gefroren hat es heuer noch gar kein festes Eis. Das Büblein steht am Weiher und spricht so zu sich leis: Ich will es einmal wagen, das Eis, es muß doch tragen, wer weiß?

Das Büblein stampft und hacket mit seinen Stiefelein. Das Eis auf einmal knacket, und krach, schon brichts hinein! Das Büblein platscht und krabbelt als wie ein Krebs und zappelt mit Schrein.

O helft, ich muß versinken in lauter Eis und Schnee! O helft, ich muß ertrinken im tiefen, tiefen See! Wär nicht ein Mann gekommen, der sich ein Herz genommen, o weh!

Der packt es bei dem Schopfe und zieht es dann heraus, vom Fuße bis zum Kopfe wie eine Wassermaus. Das Büblein hat getropfet, der Vater hats geklopfet zu Haus.

Merkt ihr, daß dies ein altes Gedicht ist? Friedrich Güll ist seit 1879 tot. Ihr könnt euch denken: Friedrich Güll hat das Gedicht nicht in so langen Zeilen geschrieben, wie es hier gedruckt ist. Wer Lust hat, kann es einmal in Gedichtform schreiben. Ihr hört ja, wo die Endreime für die sieben Zeilen jeder Strophe sind. Aber Vorsicht! In Gedichtzeilen ist dieses Gedicht ungeheuer schwierig zu sprechen. Oft ist am Zeilenende der Satz noch nicht zu Ende. Aber viele Kinder können leider nicht über die Zeilenenden hinweglesen. Und dann leiern sie, daß man kaum zuhören kann. Deshalb ist es doch besser, das Gedicht aus diesem Buch abzulesen.
Übrigens: Zu jeder Strophe kann man ein Bild malen.

Eislauf

Heute, Kinder, wolln wirs wagen!
Heute wird das Eis wohl tragen.
Darum los, wer laufen kann!
Mütze auf und Schlittschuh an!

Ach, so wohlig sich zu wiegen,
Schwalben gleich dahin zu fliegen,
auf und ab im Sonnenstrahl,
blank das Eis und blank der Stahl!

Müllers Max und Schneiders Fritze
mit der braunen Pudelmütze,
wie sie schwenken und sich drehn!
Habt ihr so was schon gesehn?

Hoch das Bein und kühn im Bogen
kommen sie herangeflogen,
eins – zwei – drei und wie der Blitz –
bums! Da liegt der Schneider Fritz!

Adolf Holst

Die erste Strophe muß man natürlich mit „Feuer" sprechen. – Es ist eine große
Kunst, die letzte Strophe so zu sprechen, daß sich die Zuhörer freuen. Viel
Spaß macht es, wenn ihr die ersten drei Zeilen übertrieben lustig sprecht.
Dann folgt plötzlich die letzte Zeile mit sachlicher Stimme: „bums . . ."

Mein Ball

Mein Ball
zeigt, was er kann,
hüpft
hoch wie ein Mann,
dann
hoch wie eine Kuh,
dann
hoch wie ein Kalb,
dann
hoch wie eine Maus,
dann
hoch wie eine Laus,
dann
ruht er sich aus.

Josef Guggenmos

Josef Guggenmos meint: Das Gedicht **muß** so gedruckt werden. Besorgt euch einen Tennisball. Sprecht das Gedicht und laßt den Ball dazu hüpfen.
Merkt ihr was?
Ein Tip: Wenn der Ball hoch springt, dauert es ja eine Weile, bis er wieder auftippt. Da könnt ihr langsamer sprechen. Wenn die Hopser kleiner werden, könnt ihr immer schneller sprechen.

Spatzensalat

Auf dem Kirschbaum Schmiroschmatzki
saß ein Spatz mit seinem Schatzki,
spuckt die Kerne klipokleini
auf die Wäsche an der Leini.
Schrie die Bäurin Bulowatzki:
„Fort, ihr Tiroteufelsbratzki!"
Schrie der Bauer Wirowenski:
„Wo sind meine Kirschokenski?
Fladarupfki! Halsumdratski!
Hol der Henker alle Spatzki!"

Friedrich Hoffmann

Zu diesem Gedicht muß man wissen: Flecken von Kirschsaft sind nur sehr
schwer aus der Wäsche zu kriegen.
Wenn ihr wollt, könnt ihr das Gedicht auch mit verteilten Rollen lesen:
Sprecher oder Sprecherin, Bäurin, Bauer.
An welche Wörter denkt ihr bei „Tiroteufelsbratzki" und „Halsumdratski"?
Und merkt ihr was bei den Reimen?

Sassafras

Als ich heut die Zeitung las,
las ich was von Sassafras.
Dachte ich mir: Was ist das?

Schlug ich nach im Lexikon
unter S, da hatt' ich's schon.
Sassafras, so hieß es da,
ist ein Baum in USA.
Donnerwetter, so ist das.
Sassafras, Sassafras!

Ha, jetzt weiß ich wieder was.
So allmählich mit der Zeit,
wird der Mensch gescheit.

Josef Guggenmos

In der ersten Strophe gibt es nicht nur den Endreim, sondern auch Innen-
reime. Ihr findet sie bestimmt. Auch später kommen sie noch mehrmals vor.
Es klingt witzig, wenn man diesen Reim immer mit „kurzem" a spricht oder
immer mit „langem". Probiert es einmal aus.

Wie heißt du denn?

Dieter-Peter Seisogut
Katherina Ohnemut
Manuela Laßdassein
Ina-Tina Dummundklein
Dorothea Immerwieder
Adelgunde Ohnelieder
Anneliese Lieberspäter
Udo-Hermann Freundverräter
Hans-Joachim Achselzucker
Heiner-Hugo Fernzielspucker
Maximilian Nachbarschreck
Margarethe Laufnichtweg
Karoline Küßmichmal
Friederike Miregal
Ludovico Zeigmalher
Michaela Gehtnichtmehr
Karl-Matthias Immerich
Rosalinde Werliebtmich

Jürgen Spohn

Dies ist ausnahmsweise kein Gedicht zum Vorlesen und Vortragen. Aber es macht immer wieder Spaß, es zu lesen. Und besonderen Spaß macht es, dieses Gedicht weiterzudichten. Dabei gibt es zwei Schwierigkeiten.
Erstens: Ihr müßt hübsche Ideen für neue Namen haben. Vielleicht gebraucht eure Lehrerin oft die gleichen Redewendungen? Vielleicht Vater, Mutter oder Großeltern? Ihr kennt bestimmt noch andere Redewendungen als diese zum Beispiel: Zum letztenmal! Hört mal zu! Jetzt ist Schluß!
Zweitens: Jeder Vorname sollte möglichst vier Silben haben, jeder Familienname drei oder vier. So hat Jürgen Spohn das auch gemacht. Und wenn ihr von Peter dichten wollt, der leider nur zwei Silben hat? Dann schreibt ihr einfach: Un ser Pe ter . . .

Ameisenkinder

Wer hat Ameisenkinder gesehn?
Können sie nach sechs Tagen schon gehn?
Laufen die Ameisenbabys geschwinder
als zum Beispiel die Mistkäfer-Kinder?
Kriegen sie schon einen Klaps auf den Po?
Ach, meine Lieben, die Sache ist so:
Wer Ameisenkinder sah, ganz kleine,
der lügt,
der betrügt!
Es gibt nämlich keine.

James Krüss

Dieses Gedicht macht besonderen Spaß.
Hier folgen ein paar Tips fürs Sprechen:
○ Die Fragen müssen wirklich Fragen an die Zuhörer sein.
○ Nach der letzten Frage könnt ihr stumm-fragend eure Zuhörer anschauen.
  Dann wirkt der nun folgende Höhepunkt stärker.
○ Den letzten Satz kann man auf sehr unterschiedliche Weisen sprechen.
  Jeder sollte erst einmal halblaut für sich ausprobieren, was ihm besonders
  gut gefällt. Dann solltet ihr einander vorsprechen, wie ihr euch die Beto-
  nung denkt. Mit dem Kassettenrecorder ist es leichter. Danach kann jeder
  selber überlegen, was ihm am besten gefällt. Nie vergessen: Die Geschmäcker sind verschieden!

Der Vogel auf der Hand

Sitzt eine Meise
dir auf der Hand,
merkst du es kaum.
Ihr Gewicht ist gering.
Aber in ihrer Brust ist doch Raum
für ein pochendes Ding.

Vogel, in dir
schlägt ein Herz wie in mir.

Josef Guggenmos

Vergeßt nicht: Es gibt immer mehr als nur eine gute Möglichkeit fürs Sprechen.
Zuerst kann jeder halblaut für sich versuchen, was ihm am besten gefällt.
Dann könnt ihr der Klasse vorsprechen. Oft ist es so: Andere Kinder haben
eine bessere Möglichkeit gefunden, eine bestimmte Stelle zu sprechen. (Und
andere Kinder denken das oft auch von euch.)

Regen

Ich bin schon manchmal aufgewacht,
wenn's regnet mitten in der Nacht;
dann lieg ich da und höre:
Der Regen trommelt auf das Dach
und rauscht und plätschert wie ein Bach
durch unsere Regenröhre.

Und heult der Wind um unser Haus –
das macht mir überhaupt nichts aus,
das Kissen hält mich warm.
Die Welt ist draußen schwarz und kalt,
ich lieg in meinem Bett und halt
den Teddybär im Arm.

Hans Georg Lenzen

Zur ersten Strophe: Am Sprechtempo muß zu hören sein, wie ruhig und
wohlig man im Bett liegt.
Das Wort „trommelt" klingt so, wie sich der Regen auf dem Dach anhört. Die
Wörter „rauscht" und „plätschert" klingen so, wie sich der Regen in der
Regenröhre anhört. So müßt ihr diese Wörter auch sprechen.
Zur zweiten Strophe: Besonders die zweite Zeile kann man auf vielerlei
Weise sprechen.
Bei den letzten beiden Zeilen muß wieder zu hören sein, wie wohlig-geborgen
man sich im Bett fühlt. Hoffentlich macht ihr keine Pause hinter „halt" am
Ende der vorletzten Zeile!

Wir wären nie gewaschen

Wir wären nie gewaschen
und meistens nicht gekämmt,
die Strümpfe hätten Löcher,
und schmutzig wär das Hemd,
wir äßen Fisch mit Honig
und Blumenkohl mit Zimt,
wenn du nicht täglich sorgtest,
daß alles klappt und stimmt.
Wir hätten nasse Füße
und Zähne schwarz wie Ruß
und bis zu beiden Ohren
die Haut voll Pflaumenmus.
Wir könnten auch nicht schlafen,
wenn du nicht noch mal kämst
und uns, bevor wir träumen,
in deine Arme nähmst.
Und trotzdem! Sind wir alle
auch manchmal eine Last:
Was wärst du ohne Kinder?
Sei froh, daß du uns hast!

Eva Rechlin

Überlegt miteinander: An welchen Stellen muß man über die Zeilenenden hinweglesen? In der zweiten Hälfte des Gedichts sind es mehrere.
Die letzten Zeilen bringen die Überraschung für den Zuhörer. Das muß man beim Vortrag hören. Am wichtigsten ist wahrscheinlich die vorletzte Zeile. Die kann man auf vielerlei Weise betonen. Denn: Die Geschmäcker sind verschieden!

Wenn ein Auto kommt

Wie es die Hühner machen,
das weißt du doch.
Sie müssen geschwind unbedingt
auf die andere Seite noch.

Daß wir wie aufgeregte Hennen
blindlings über die Straße rennen,
kann's das bei uns geben? –
Nie im Leben!

Josef Guggenmos

Zähneputzen

Wenn man nach dem Zähneputzen
abends noch was Süßes ißt,
hat das Putzen wenig Nutzen,
weil das Süße Löcher frißt.

Britta Cornelius

Dritter Teil

Gedichte für die Klassen 3 und 4

Inhalt   Seite

Was ihr von Gedichten wissen solltet
Warum schreibt ein Mensch ein Gedicht? Weil es ihm Spaß macht.
Und warum liest ein anderer Mensch das Gedicht? Auch wieder: weil
es ihm Spaß macht. Wenn der Leser etwas von der Kunst zu dichten
versteht, macht ihm das Lesen mehr Spaß. Deshalb steht hier etwas
von der Kunst.

1. Der Reim
Es gibt viele Arten von Reimen. Das Ohr freut sich über den **Endreim:**
> zwicke <u>zwein</u>
> in das <u>Bein</u>   (Beispiel von Seite 14)

Der Endreim kann auch **gekreuzt** sein:
> Wenn man nach dem Zähne<u>putzen</u>
> abends noch was Süßes <u>ißt,</u>
> hat das Putzen wenig <u>Nutzen,</u>
> weil das Süße Löcher <u>frißt.</u>

Oft ist der Endreim noch viel komplizierter. Wenn ihr herausfinden wollt, wie der Dichter das gemacht hat, müßt ihr nur die Endreime numerieren. Gleiche Reime kriegen gleiche Nummern. Manche Leute machen das auch mit Buchstaben. Das Beispiel rechts stammt von Seite 73.	In allem Frieden 1 schlief abgeschieden 1 hinter einer Hecke 2 der Wind. 3 Da hat ihn eine Spitzmaus 4 – wie Spitzmäuse sind – 3 ins Ohr gezwickt. 5 Der Wind erschrickt … 5

Außer dem Endreim gibt es auch den **Innenreim.** So nennt man das,
wenn sich zwei Wörter in einer Zeile reimen: hat das <u>Putzen</u> wenig
<u>Nutzen.</u>
Ein ganz anderer Reim ist der **Stabreim.** Stabreim heißt: Die ersten
Buchstaben mehrerer Wörter sind gleich. Zum Beispiel auf Seite 73:
<u>W</u>ehe, der <u>W</u>ind ist los!

2. Die Betonung
Ohne Betonung hat kaum ein Satz Sinn. Lest mal: „In dieser Schule
dürfen Kinder nicht laut rufen." Betont jedesmal ein anderes Wort.
Dann kriegt der Satz jedesmal einen anderen Sinn. Deshalb: Wer beim
Sprechen leiert, redet sinnloses Zeug. Das gilt natürlich auch für
Gedichte.

Fauler Zauber

Der Zauberkünstler Mamelock
hebt seinen goldnen Zauberstock.
„Ich brauche", spricht er dumpf, „zwei Knaben,
die ziemlich viel Courage haben."

Da steigen aus dem Publikum
schnell Fritz und Franz aufs Podium.
Er hüllt sie in ein schwarzes Tuch
und liest aus seinem Zauberbuch.
Er schwingt den Stock ein paar Sekunden.
Er hebt das Tuch – sie sind verschwunden!

Des Publikums Verblüffung wächst.
Wo hat er sie nur hingehext?
Sie sind nicht fort, wie mancher denkt.
Er hat die beiden bloß – versenkt!

Fritz sagt zu Franz: „Siehst du die Leiter?"
Sie klettern abwärts und gehn weiter.
Der Zauberkünstler läßt sich Zeit,
nimmt dann sein Tuch und wirft es breit.
Er schwingt sein Zepter auf und nieder –

doch kommen Fritz und Franz nicht wieder!
Der Zaubrer fällt vor Schrecken um.
Ganz ähnlich geht's dem Publikum.

Nur Fritz und Franz sind voller Freude.
Sie schleichen sich aus dem Gebäude.
Und Mamelock sucht sie noch heute.

Erich Kästner

Was haltet ihr davon, der Klasse einen eigenen Zaubertrick vorzuführen?
Wenn er nicht gelingt, macht das nichts: Sogar dem Zauberer Mamelock ist
einmal ein Trick mißlungen.
Übrigens: Wer von Mamelocks Bewegungen spricht, kann seine Arme nicht
steif baumeln lassen.

Der Zauberer Korinthe

Es lebte einst der Zauberer
Kori, Kora, Korinthe.
Der saß in einem Tintenfaß
und zauberte mit Tinte.

Wenn jemand damit Briefe schrieb
und schmi und schma und schmollte,
dann schrieb er etwas anderes,
als was er schreiben wollte.

Einst schrieb der Kaufmann Steenebarg
aus Bri, aus Bra, aus Bremen
an seinen Sohn in Dänemark:
„Du solltest dich was schämen!"

Doch als der Brief geschrieben war
mit Schwi, mit Schwa, mit Schwunge,
da stand im Brief: „Mein lieber Sohn,
du bist ein guter Junge!"

Da schmunzelte der Zauberer
Kori, Kora, Korinthe
und schwamm durchs ganze Tintenfaß
und trank ein bißchen Tinte.

Ein andermal schrieb Archibald,
der Di, der Da, der Dichter:
„Die Rosen haben hierzuland
so zärtliche Gesichter."

Er hat von Ros- und Lilienhaar
geschri, geschra, geschrieben.
Doch als das Liedchen fertig war,
da sprach es nur von Rüben.

Da schmunzelte der Zauberer
Kori, Kora, Korinthe
und schwamm durchs ganze Tintenfaß
und trank ein bißchen Tinte.

Einst schrieb der Kaiser Fortunat
mit Si, mit Sa, mit Siegel:
„Der Kerl, der mich verspottet hat,
kommt hinter Schloß und Riegel!"

Doch hinterher, da stand im Brief
vergni, vergna, vergnüglich:
„Der Kerl, der mich verspottet hat,
der dichtet ganz vorzüglich!"

Da schmunzelte der Zauberer
Kori, Kora, Korinthe
und schwamm durchs ganze Tintenfaß
und trank ein bißchen Tinte.

Und wenn ihr dies nicht glauben wullt
vom Schri, vom Schra, vom Schreiben,
dann seid ihr schließlich selber schuld
und laßt es eben bleiben.

James Krüss

Besonders viel Spaß macht es so: Eine oder einer steht vor der Klasse und
spricht das Gedicht auswendig. Die Strophen „Da schmunzelte . . ." spricht
jeweils die ganze Klasse im Chor.
Spaß macht es auch, wenn mehrere Kinder abwechselnd sprechen.

Was denkt die Maus am Donnerstag?

Was denkt die Maus am Donnerstag,
am Donnerstag,
am Donnerstag?

Dasselbe wie an jedem Tag,
an jedem Tag,
an jedem Tag.

Was denkt die Maus an jedem Tag,
am Dienstag, Mittwoch, Donnerstag
und jeden Tag,
und jeden Tag?

O hätte ich ein Wurstebrot
mit ganz viel Wurst
und wenig Brot!
O fände ich, zu meinem Glück,
ein riesengroßes Schinkenstück!
Das gäbe Saft,
das gäbe Kraft!
Da wär ich bald nicht mehr mäuschenklein,
da würd ich bald groß wie ein Ochse sein.
Doch wäre ich erst so groß wie ein Stier,
dann würde ein tapferer Held aus mir.
Das wäre herrlich,
das wäre recht –
und der Katze,
der Katze
ginge es schlecht!

Josef Guggenmos

In den ersten drei Strophen wird Schwung geholt. Aber dann geht es los! Dann
muß sich die Stimme verändern. Man muß hören: Die Maus läßt sich von
ihrer Phantasie immer mehr hinreißen. – Übt das Sprechen oft. Dann hört
man vielleicht die Steigerung bis zum Höhepunkt am Schluß.
Achtung: In der dritten Strophe sollte möglichst „denkt" betont werden.

Das selbstgemachte Lied

Dem Sänger ist Erfolg beschert,
der singend fremde Sprachen lehrt,
womöglich gleich im Chor.
Ich hab mir auch was ausgedacht
und eine Sprache selbst gemacht.
Ich trag sie euch mal vor:
Die treepenfrietzen mockenback
diehah mekuh sedauh.
Johofen plusen labenjack
verluse lose lauh.

Die Wissenschaft forscht fieberhaft
mit eisgekühlter Leidenschaft:
Wo stammt die Sprache her?
Ich sage jedem klipp und klar,
und dabei ist das gar nicht wahr:
Aus Uschtabloß am Meer!

Die treepenfrietzen mockenback
diehah mekuh sedauh.
Johofen plusen labenjack
verluse lose lauh.

Eva Rechlin

Sprecht die ausgedachte Sprache so, als könntet ihr sie verstehen.
Die Endreime sind kompliziert gemacht. Ihr merkt es aber erst, wenn ihr die
letzten Wörter jeder Zeile untereinander auf einen Zettel schreibt und sie
dann numeriert: 1, 1, 2, 3, 3, 2, . . .
Habt ihr Lust, eine eigene Sprache zu erfinden und mit ihr vier Zeilen zu
dichten?

Versprech-Gedicht

Es kaufte sich Herr Archibald
auf hohem Berg im tiefen Wald
ein Schlitter-Roß,
ein Schlotter-Riß,
    Verzeihung, nein,
    das kann nicht sein:
ein Ritterschloß.

Das Schloß war hundert Jahre alt.
Der Sturmwind brauste eisigkalt
im Wilden-Facht,
im Falden-Wicht,
    ach, Unsinn, nein,
    das war es nicht –
im Fichtenwald.

Das konnt der Schloßherr nicht vertragen.
Er holte sich nach vierzehn Tagen
den Wabel-Mögen,
den Wöbel-Magen.
    Ja, ist denn das
    so schwer zu sagen?
Den Möbelwagen.

Jetzt wohnt er wieder wie gewohnt.
Der Schloßkauf hat sich nicht gelohnt.

Hans Georg Lenzen

Hier müssen Spezialisten 'ran! Sie müssen das Gedicht so sprechen, daß die
Zuhörer denken können: Das sind lauter echte Versprecher. Die wichtigen
Stellen müssen deshalb ein bißchen aufgeregt, stotternd mit „Ä–" gesprochen
werden. Wer kann es besonders „echt"?
Zum Lernen ist dieses Gedicht wahrscheinlich zu schwierig. Gut vorlesen
genügt.

Gawa Gawa Usedump
Eine traurige Ballade in Kauderwelsch

Gauschenlada strynd vertoigen,
Gunsd gewach ohs drise Kland.
Unzer afgewysen schloigen
dragomag verduse moigen,
allje Moff, chuntaro fant!

„Usedump", Gewara sprante,
„Usedump njem drato falp!"
Jedorinzap eschwor glante
meredoll, fjer klam in Brante:
„Usedump – verteuf tsotalb."

Under Kwaiden, uwy Kwaiden,
sundoch knylink Weretrau!
Gawa, Gawa, mistol schlaiden:
„Were tu, lalamis taiden?
Unlab Kwaiden normastau!"

Inzupf namaschwank gehorten
nemelau, affsjets gehals;
Veretonga schmatz un Storten,
niswitz, angesluk insporten:
Vals geneden – nemevals!

Gawa, Gawa, mistol schlaiden,
uffter Schjebol tifel sgrab;
Oredrama wyrd gewaiden:
„Under Kwaiden, uwy Kwaiden,
Usedump gewadal Slap!"

Michael Ende

Erst müßt ihr Michael Endes Kauderwelsch so oft lesen, bis ihr es ohne viel
Stottern gut lesen könnt. Lest es mit trauriger Stimme. An manchen Stellen
könnt ihr den Tränen nahe sein. Und dann denkt sich jeder aus, wie der Inhalt
außerdem sein könnte: lustig, spannend, eine Reportage. So spricht das dann
jeder. Natürlich kann die Stimmung auch von Strophe zu Strophe wechseln.
Jeder muß so sprechen, als verstehe er das Kauderwelsch. Besonders bei den
Stellen mit wörtlicher Rede müssen die Zuhörer diesen Eindruck haben.

Fasenacht

Lustig ist die Fasenacht,
alles singt und tanzt und lacht.
Mit Gejubel und Geschrei
zieht der Faschingszug vorbei.
Jeder juchzt und freut sich sehr,
keiner kennt den andern mehr.

Fröhlich grinsend sieht man da
Großmogul und Perserschah,
Mandarine, Texasreiter,
hier ein Sultan, dort ein zweiter,
und dahinter watschelt, schau!
eine Hottentottenfrau.

Große Neger, kleine Neger,
zwischendurch ein Schornsteinfeger,
mal Chinesen, mal Japaner,
sieben Südseeinsulaner:
heute hat die halbe Welt
hier bei uns sich eingestellt.

Wie sie jubeln, wie sie springen,
wie sie tanzen, wie sie singen –
alles singt und tanzt und lacht:
Lustig ist die Fasenacht!

Otfried Preußler

Fasenacht heißt in anderen Gegenden Deutschlands Fastnacht, Fasching
oder Karneval. – Ein Großmogul war früher ein mongolischer Herrscher in
Indien.
Wenn ihr zusammenarbeitet und das Reimwörterlexikon benutzt, könnt ihr
vielleicht zwischen die zweite und dritte Strophe eine weitere dichten. Es gibt
ja noch viele andere Verkleidungen.

Die Stare sind da!

Noch bläst der Wind von Böhmen her,
von Grönland und vom Weißen Meer,
die Wolken gehen tief und schwer
   voll Schnee –
   soso!

Doch plötzlich sind die Stare da,
die schwatzen, lachen laut: Haha,
der Frühling kommt! Er ist ganz nah!
   Hehe! Hurra!
   Hoho!

Die Stare sind bestimmt nicht dumm,
sie sind vergnügt und voll Gesumm,
sie wissen ganz genau, warum!
   Der Wind dreht um!
   Sei froh!

Und kommt der Wind von Süden her,
von Afrika, vom blauen Meer,
dann ist das Leben nicht mehr schwer –
   es sei denn für den weißen Bär
   im Zoo.

Siegfried von Vegesack

Dieses Gedicht ist ein „Ohrwurm". Wer es einmal auswendig gelernt hat und sprechen kann, dem fallen jedes Jahr im Frühjahr mindestens einzelne Zeilen wieder ein.
Das Sprechen ist zwar nicht leicht; aber dafür ist das Lernen ziemlich bequem. Die besondere Art der Reime erleichtert es.
Viele Kinder möchten in der ersten Zeile nur „Böhmen" betonen. Aber „Noch" ist auch wichtig. Übrigens: Findet ihr Böhmen auf der Karte?
Vorschlag: Die drei Wörter am Schluß der zweiten Strophe wirken besonders, wenn ihr „Hehe!" sehr hell sprecht und das „Hoho!" sehr dunkel.

April

April! April!
Der weiß nicht, was er will!
Bald lacht der Himmel blau und rein,
bald schaun die Wolken düster drein,
bald Regen und bald Sonnenschein!
Was sind mir das für Sachen,
mit Weinen und mit Lachen
ein solch Gesaus' zu machen!
April! April!
Der weiß nicht, was er will!

O weh! O weh!
Nun kommt er gar mit Schnee
und schneit mir in den Blütenbaum,
in all den Frühlingswiegentraum!
Ganz greulich ist's – man glaubt es kaum!
Heut' Frost und gestern Hitze,
heut' Reif und morgen Blitze,
das sind so seine Witze!
O weh! O weh!
Nun kommt er gar mit Schnee!

Hurra! Hurra!
Der Frühling ist doch da!
Und treibt der rauhe Wintersmann
auch seinen Freund, den Nordwind, an,
und wehrt er sich, so gut er kann –
es soll ihm nicht gelingen;
denn alle Knospen springen,
und alle Vögel singen:
„Hurra! Hurra!
Der Frühling ist doch da!"

Heinrich Seidel

Dieses Gedicht ist hundert Jahre alt. Der April war schon damals so wie heute.
Vergleicht mal in jeder Strophe die beiden ersten und die beiden letzten
Zeilen. Und vergleicht auch die Endreime aller drei Strophen.

Sommer

Weißt du, wie der Sommer riecht?
Nach Birnen und nach Nelken,
nach Äpfeln und Vergißmeinnicht,
die in der Sonne welken,
nach heißem Sand und kühlem See
und nassen Badehosen,
nach Wasserball und Sonnenkrem,
nach Straßenstaub und Rosen.

Weißt du, wie der Sommer schmeckt?
Nach gelben Aprikosen,
nach Walderdbeeren, halb versteckt
zwischen Gras und Moosen,
nach Himbeereis, Vanilleeis
und Eis aus Schokolade,
nach Sauerklee vom Wiesenrand
und Brauselimonade.

Weißt du, wie der Sommer klingt?
Nach einer Flötenweise,
die durch die Mittagsstille dringt,
ein Vogel zwitschert leise,
dumpf fällt ein Apfel in das Gras,
ein Wind rauscht in den Bäumen,
ein Kind lacht hell, dann schweigt es schnell
und möchte lieber träumen.

Ilse Kleberger

Man könnte sagen: Eine Strophe des Gedichts kann man mit der Nase erleben, eine mit Zunge und Gaumen und eine mit den Ohren. Ein kleines Spiel: Macht die Augen zu. Denkt an Sommer. Welche Gerüche, Geschmäcke und Geräusche fallen euch ein?

Heidekraut und Heckenrose, Himmelsschlüssel,
Hahnenfuß – seht die Hummel, wie sie lose jeden Kelch
beschnüffeln muß! Grade steckt sie ihren Rüssel in die
gelben Himmelsschlüssel. Wenn sie dabei brummt,
so wißt, daß es nicht vor Ärger ist. Manche brummen
vor Vergnügen, wenn sie was Besondres kriegen.

Rudolf Hagelstange

Diese Verse sind aus Rudolf Hagelstanges Buch „Blumen ABC". In dem hat er
zu jedem Buchstaben des ABC Verse über Blumen gemacht, die mit diesem
Buchstaben anfangen. Es ist leicht zu sehen, welcher Buchstabe das in diesen
Versen ist.
Eine „Bonbon-Aufgabe" für Freiwillige könnte sein, diese Verse in zehn
Gedichtzeilen zu schreiben. Das ist ganz einfach, wenn ihr die Reimwörter
findet. So stehen die Verse auch im „Blumen ABC". Dazu könnt ihr die
genannten Blumen mit der Hummel malen.

Schwalbenflug

Schießt pfeilschnell daher,
zurück, kreuz, quer,
dann
legt sie die Flügel an,
Sturzflug, schau!
Genau
über dem Boden,
ganz knapp,
fängt sie sich ab.
Streift sie ihn?
Nein.
Schießt daher,
steigt hinauf,
schlägt einen Haken,
legt sich quer,
ist nach Sekunden
hinterm Haus verschwunden.

Alfons Schweiggert

Manche Leute sagen: „Schwalben fliegen, Spatzen fliegen, Blaumeisen fliegen – na und? Fliegen ist Fliegen!" Diese Leute haben keine Ahnung. Beobachtet mal Schwalben und Spatzen im Flug. Dann seht ihr den Unterschied. Dieses Gedicht ist so geschrieben und gedruckt, wie Schwalben fliegen. Bei Spatzen oder Blaumeisen hätte Alfons Schweiggert anders schreiben müssen und anders drucken lassen müssen.
Eine Frage für Spezialisten: Sind etwa auch die Reime besonders nach Art des unregelmäßigen Schwalbenflugs gemacht? Vielleicht findet ihr die Antwort, wenn ihr die letzten Wörter jeder Zeile auf einen Zettel schreibt und dann numeriert: 1, 1, 2, 2, . . .

Der Herbst steht auf der Leiter

Der Herbst steht auf der Leiter
und malt die Blätter an,
ein lustiger Waldarbeiter,
ein froher Malersmann.

Er kleckst und pinselt fleißig
auf jedes Blattgewächs,
und kommt ein frecher Zeisig,
schwupp, kriegt der auch nen Klecks.

Die Tanne spricht zum Herbste:
Das ist ja fürchterlich,
die andern Bäume färbste,
was färbste nicht mal mich?

Die Blätter flattern munter
und finden sich so schön.
Sie werden immer bunter.
Am Ende falln sie runter.

Peter Hacks

Der Zeisig ist ein besonders bunter Vogel. Er bleibt auch im Winter bei uns.
Vielleicht findet jemand von euch ein Bild von ihm.
Der Schluß des Gedichts wirkt pfiffig und überraschend. Warum wohl? Ihr
findet es heraus, wenn ihr auf einem Zettel die Endreime in jeder Strophe mit
den Zahlen 1 und 2 numeriert. Das sieht für die erste Strophe so aus: 1, 2, 1, 2.
Und für die anderen?

Gegenwind

Gegenwind – eine gute Sache!
meint mein Drache.
Laß mich nur steigen,
ich werd's ihm schon zeigen –
je mehr der Gegenwind gegen mich ist,
desto höher steig ich! Das ist meine List:
Nur nicht nachgeben,
dann muß er mich heben!

Hans Baumann

Wenn man etwas genauer nachdenkt: Dieses Gedicht handelt wahrscheinlich nicht nur vom Drachen.

November

Solchen Monat muß man loben:
Keiner kann wie dieser toben,
keiner so verdrießlich sein
und so ohne Sonnenschein!
Keiner so in Wolken maulen,
keiner so mit Sturmwind graulen!
Und wie naß er alles macht!
Ja, es ist 'ne wahre Pracht.

Seht das schöne Schlackerwetter!
Und die armen welken Blätter,
wie sie tanzen in dem Wind
und so ganz verloren sind!
Wie der Sturm sie jagt und zwirbelt
und sie durcheinander wirbelt
und sie hetzt ohn Unterlaß:
Ja, das ist Novemberspaß!

Und die Scheiben, wie sie rinnen!
Und die Wolken, wie sie spinnen
ihren feuchten Himmelstau
ur und ewig, trüb und grau!
Auf dem Dach die Regentropfen:
wie sie pochen, wie sie klopfen!
Schimmernd hängts an jedem Zweig,
einer dicken Träne gleich.

Oh, wie ist der Mann zu loben,
der solch unvernünftges Toben
schon im voraus hat bedacht
und die Häuser hohl gemacht;
so daß wir im Trocknen hausen
und mit stillvergnügtem Grausen
und in wohlgeborgner Ruh
solchem Greuel schauen zu.

Heinrich Seidel

Nachts, wenn es schneit

Wer in einer Winternacht,
wenn es still ist weit und breit,
aus dem ersten Schlaf erwacht,
weil es schneit und schneit und schneit:
auf die Dächer, auf die Brücken,
auf Platanen und auf Föhren,
Denkmalslöwen auf den Rücken –
kann den Winter wachsen hören.

Hans Baumann

Welcher Laut und welcher Buchstabe passen besonders gut zu leisem, wei-
chem, schwebendem Schnee? Es ist der, der in diesem Gedicht besonders oft
vorkommt.
Denkt beim Sprechen daran: Der Schnee fällt sanft, leise, langsam. So muß
auch eure Stimme klingen.
Der ganze Satz ist wie ein Rätsel. Erst in der letzten Zeile wird das Rätsel
gelöst. Damit man das beim Zuhören versteht, muß die Stimme eine kleine
Pause beim Gedankenstrich machen, und danach muß sie einen anderen
Klang bekommen: einen Rätsellösungsklang.

Beobachtung

Zarte, feine
klitzekleine
Spuren findest du im Schnee?
Zarte, feine
klitzekleine
Spuren – die sind nicht vom Reh!

Diese krickel
krackel Grüße
schrieb ein andrer Gast hierher:
Zickel zackel
Vogelfüße –
schau: Dort sind schon keine mehr.

Denn nur eben
fast im Schweben
hüpfte, pickte er im Lauf –
und
mit einem Sprunge,
Schwunge
flog er zu den Wolken auf.

Max Kruse

Was denkt ihr: Wer spricht hier zu wem?
Versucht, die ersten beiden Strophen wirklich zart und zierlich zu sprechen,
wie es zu den Vogelspuren paßt. Max Kruse hat Wörter ausgesucht, die man
so sprechen kann: „klitzekleine", „krickel krackel" und „zickel zackel".
Etwas Besonderes ist die letzte Strophe. Sie sollte so gesprochen werden, wie
der Vogel sich bewegte, also schwebendleicht und flüssig. Vorschlag: Damit
euch das besser gelingt, solltet ihr nur bei dem Gedankenstrich Luft holen.
Mit dem Arm könnt ihr das Schweben und den Schwung andeuten.

Wenn es Winter wird

Der See hat eine Haut bekommen,
so daß man fast drauf gehen kann,
und kommt ein großer Fisch geschwommen,
so stößt er mit der Nase an.
Und nimmst du einen Kieselstein
und wirfst ihn drauf, so macht es klirr
und titscher – titscher – titscher – dirr.
Heißa, du lustiger Kieselstein!
Er zwitschert wie ein Vögelein
und tut als wie ein Schwälblein fliegen –
doch endlich bleibt mein Kieselstein
ganz weit, ganz weit auf dem See draußen liegen.
Da kommen die Fische haufenweis
und schaun durch das klare Fenster von Eis
und denken, der Stein wär etwas zum essen;
doch sosehr sie die Nase ans Eis auch pressen,
das Eis ist zu dick, das Eis ist zu alt,
sie machen sich nur die Nasen kalt.

Aber bald, aber bald
werden wir selbst auf eignen Sohlen
hinausgehn können und den Stein wieder holen.

Christian Morgenstern

Lernt dieses Gedicht bitte nur, wenn in eurer Nähe ein See oder ein Teich
wirklich „eine Haut bekommen" hat, und nur, wenn ihr wirklich Steine
geworfen habt. Sonst merkt ihr nämlich gar nicht: Christian Morgenstern hat
genau jene Geräusche mit Sprache nachgemacht, die man dann hört. So müßt
ihr das auch sprechen. Erst hört man ein paar große Hopser, dann viele kleine:
„dirr".
Sehr wichtig ist die Zeile „ganz weit, ganz weit auf dem See draußen liegen".
An der Stimme muß man hören, wie der Stein immer weiter weg rutscht, wie
das Geräusch auf dem Eis immer leiser wird und die Bewegung des Steins
immer langsamer. Kein Mensch kann so etwas ohne viel Üben richtig sprechen.

Verkündigung

Die Schafe
hatten sich aneinandergerückt,
ganz dicht.
Es war Winter, weißt du,
Nacht war's und kalt.
Die Hirten saßen ums Feuer,
steif und gebückt.

Da kam ein Engel,
in der schwarzen Nacht stand er hell,
groß war er, schön.
Der hob den Arm: „Fasset Mut!
Seht ihr den Stern
und darunter den Stall?
Dorthin müßt ihr gehn!
Von nun an ist alles gut!"

Josef Guggenmos

Was haltet ihr denn von den Endreimen?

Ihr Hirten

Ihr Hirten, ihr Hirten,
uns ist was geschehn! –
Wir haben die Engel
im Himmel gesehn.

War einer, der glänzte
wie Sonnenlicht klar;
der stand auf den Wolken
inmitten der Schar.

Die sangen von Freuden,
von Frieden und Ehr,
und daß Gott bei den Menschen
ein Kindelein wär.

Im Stall, in der Krippen
bei Esel und Rind,
daselbst man's gewickelt
in Windeln befind.

Ihr Hirten, ihr Hirten,
so kommt von der Hut
und seht, wie es lächelt,
und schaut, wie es ruht!

Doch seid mir hübsch leise,
stör keiner das Kind,
die Reise war weit,
nun schlummert's gelind.

Rudolf Alexander Schröder

Ein Hirte, der die unglaubliche Sache mit den Engeln auf dem Feld selbst
erlebte, erzählt davon anderen Hirten. Stellt euch vor, wie aufgeregt der ist. So
müßt ihr auch sprechen. Und so muß euer Gesicht dabei aussehen.
Ein Tip: Betont in der zweiten Zeile „uns". (Kinder, die leicht leiern, betonen
„ist" und „geschehn".)
Zweiter Tip: Überlegt gemeinsam, an welchen Stellen man über die Zeilen
hinweglesen muß. Letzter Tip: Mitten in einer Strophe ist die Aufregung vorbei, und die Stimme muß leise und innig werden.
Bleibt noch zu sagen: Dieses Gedicht ist eigentlich doppelt so lang.

Knecht Ruprecht

Von drauß vom Walde komm ich her;
ich muß euch sagen, es weihnachtet sehr!
Allüberall auf den Tannenspitzen
sah ich goldene Lichtlein sitzen;
und droben aus dem Himmelstor
sah mit großen Augen das Christkind hervor.
Und wie ich so strolcht durch den finsteren Tann,
da rief's mich mit heller Stimme an:
„Knecht Ruprecht", rief es, „alter Gesell,
hebe die Beine und spute dich schnell!
Die Kerzen fangen zu brennen an,
das Himmelstor ist aufgetan.
Alt und Junge sollen nun
von der Jagd des Lebens einmal ruhn.
Und morgen flieg ich hinab zur Erden,
denn es soll wieder Weihnachten werden!"
Ich sprach: „O lieber Herre Christ,
meine Reise fast zu Ende ist.
Ich soll nur noch in diese Stadt,
wo's eitel gute Kinder hat."
„Hast denn das Säcklein auch bei dir?"
Ich sprach: „Das Säcklein, das ist hier:
Denn Äpfel, Nuß und Mandelkern
essen fromme Kinder gern."
„Hast denn die Rute auch bei dir?"
Ich sprach: „Die Rute, die ist hier.
Doch für die Kinder nur, die schlechten,
die trifft sie auf den Teil, den rechten."
Christkindlein sprach: „So ist es recht,
so geh mit Gott, mein treuer Knecht!"
Von drauß vom Walde komm ich her;
ich muß euch sagen, es weihnachtet sehr!
Nun sprecht, wie ich's hier innen find!
Sinds gute Kind, sinds böse Kind?

Theodor Storm

Tannengeflüster

Wenn die ersten Fröste knistern
in dem Wald bei Bayrisch-Moos,
geht ein Wispern und ein Flüstern
in den Tannenbäumen los,
ein Gekicher und Gesumm
ringsherum.

Eine Tanne lernt Gedichte,
eine Lärche hört ihr zu.
Eine dicke, alte Fichte
sagt verdrießlich: Gebt doch Ruh!
Kerzenlicht und Weihnachtszeit
sind noch weit!

Vierundzwanzig lange Tage
wird gekräuselt und gestutzt
und das Wäldchen ohne Frage
wunderhübsch herausgeputzt.
Wer noch fragt: Wieso? Warum?
Der ist dumm.

Was das Flüstern hier bedeutet,
weiß man selbst im Spatzennest:
Jeder Tannenbaum bereitet
sich nun vor aufs Weihnachtsfest.
Denn ein Weihnachtsbaum zu sein:
Das ist fein!

James Krüss

Ehe ihr mit lautem Lesen beginnt, solltet ihr mit Partnern alle Stellen heraussuchen, an denen ihr unbedingt übers Zeilenende hinwegsprechen müßt.
Besonders viel Spaß macht das leise „Wispern" und „Flüstern" in der ersten Strophe und die Brummstimme der alten Fichte in der zweiten.
Viele Zeilen kann man verschieden betonen. Probiert es aus. Das ist bei der letzten Zeile besonders wichtig. Denn bei der entscheidet sich ja, ob der Zuhörer einen angenehmen „Nachgeschmack" behält.

Die Weihnachtsmaus

Die Weihnachtsmaus ist sonderbar
(sogar für die Gelehrten),
denn einmal nur im ganzen Jahr
entdeckt man ihre Fährten.

Mit Fallen oder Rattengift
kann man die Maus nicht fangen.
Sie ist, was diesen Punkt betrifft,
noch nie ins Garn gegangen.

Das ganze Jahr macht diese Maus
den Menschen keine Plage.
Doch plötzlich aus dem Loch heraus
kriecht sie am Weihnachtstage.

Zum Beispiel war vom Festgebäck,
das Mutter gut verborgen,
mit einemmal das Beste weg
am ersten Weihnachtsmorgen.

Da sagte jeder rundheraus:
Ich hab es nicht genommen!
Es war bestimmt die Weihnachtsmaus,
die über Nacht gekommen.

Ein andres Mal verschwand sogar
das Marzipan vom Peter,
was seltsam und erstaunlich war,
denn niemand fand es später.

Der Christian rief rundheraus:
Ich hab' es nicht genommen!
Es war bestimmt die Weihnachtsmaus,
die über Nacht gekommen!

Ein drittes Mal verschwand vom Baum,
an dem die Kugeln hingen,
ein Weihnachtsmann aus Eierschaum
nebst andren leckren Dingen.

Die Nelly sagte rundheraus:
Ich habe nichts genommen!
Es war bestimmt die Weihnachtsmaus,
die über Nacht gekommen!

Und Ernst und Hans und der Papa,
die riefen: Welche Plage!
Die böse Maus ist wieder da,
und just am Feiertage!

Nur Mutter sprach kein Klagewort.
Sie sagte unumwunden:
Sind erst die Süßigkeiten fort,
ist auch die Maus verschwunden!

Und wirklich wahr: Die Maus blieb weg,
sobald der Baum geleert war,
sobald das letzte Festgebäck
gegessen und verzehrt war.

Sagt jemand nun, bei ihm zu Haus –
bei Fränzchen oder Lieschen –
da gäb es keine Weihnachtsmaus,
dann zweifle ich ein bißchen!

Doch sag ich nichts, was jemand kränkt!
Das könnte euch so passen!
Was man von Weihnachtsmäusen denkt,
bleibt jedem überlassen!

James Krüss

Leider wird dieses lustige Weihnachtsgedicht oft verhunzt. Viele Kinder
schnappen nämlich einfach am Ende jeder Zeile nach Luft – auch, wenn es
mitten im Satz ist.

Advent

Es treibt der Wind im Winterwalde die Flockenherde
wie ein Hirt, und manche Tanne ahnt, wie balde sie
fromm und lichterheilig wird, und lauscht hinaus. Den
weißen Wegen streckt sie die Zweige hin, bereit – und
wehrt dem Wind und wächst entgegen der einen Nacht
der Herrlichkeit.

Rainer Maria Rilke

Zählt mal im letzten Satz alle Wörter mit Stabreim-W und -w am Anfang. Auf
Seite 51 steht übrigens ein anderes Gedicht mit „Winter-Stabreim".
Ein Vorschlag für eine schöne Arbeit in der Vorweihnachtszeit: Schreibt
dieses Gedicht in acht Gedichtzeilen auf ein großes Blatt und malt dazu.
Ehe ihr anfangt, solltet ihr euch mit Partnern besprechen, an welchen Stellen
wohl die Zeileneinschnitte sind.

Urlaubsfahrt

koffer koffer kindertragen
flaschen taschen puppenwagen
papa mama koffer kinder
autokarte notlichtblinker

frühgeweckt gefrühstückt raus
winke winke schlüssel haus
autobahnen autoschlange
kinderplappern mama bange

schlange kriechen sonne heiß
stinken staub benzin und schweiß
stockung hunger mama brote
papa skatspiel radio: tote

schlafen schimpfen hupen schwitzen
weiterfahren weitersitzen
müde mitternacht hotel pension
dreißigtausend warten schon

Hans Adolf Halbey

Wer hat so etwas schon mal erlebt?
Alle Wörter sind klein geschrieben und ohne Punkt und Komma und ohne
verbindende Wörter hintereinandergereiht. Hans Adolf Halbey hat sich
bestimmt etwas dabei gedacht.
Wie man das Gedicht am besten spricht, muß jeder selbst herausfinden. Es
gibt mehrere Möglichkeiten. Aber den Rhythmus sollte man immer hören:
ta – ta – ta – ta
Manche Kinder sprechen gern das ganze Gedicht sehr gleichförmig, nur die
beiden letzten Zeilen in einem anderen Tonfall.

Reklame

Es wirrt in mir
ein Wirbeltier,
O-DENT-A ist sein Name;
es macht dies irre
Schwirretier
für Zahnpasta Reklame.

Ich hab's heut morgen
aufgeschnappt
von einer Anschlagsäule;
nun hat sich's in mir
festgepappt
und quält mich mit Geheule:
O-DENT-A gegen Zahnverfall,
O-DENT-A gegen Löcher,
O-DENT-A tönt es überall,
O-DENT-A noch und nöcher:
„Die Zähne werden blendend weiß,
dein Zahnfleisch eine Rose,
und duften wirst du aus dem Mund
wie eine Aprikose!"

Ich sause gleich zur Drogerie,
um mir das Zeug zu holen,
und putze mir von spät bis früh
die Zähne wie befohlen.
Doch heute hörte ich entsetzt
im Fernsehn: „Zur Hygiene
benutze CARANDENTAL jetzt
und rette deine Zähne!"

Was nehm ich nun, ich armer Mann?
Jetzt habe ich die beiden . . .
Ich schaue stumm die Tuben an
und kann mich nicht entscheiden.

Max Kruse

Die lächerliche Übertreibung der Werbung (Aprikosenduft und ähnlicher
Quatsch) solltet ihr stark übertrieben sprechen. Sie muß wirklich lächerlich
wirken.
In der letzten Strophe muß man hören, wie ratlos der arme Mann ist.

Kommt ein Tag in die Stadt

Ein Wecker rasselt,
eine Teekanne zischt,
ein Regenguß prasselt,
eine Putzfrau wischt,
ein Briefkasten klappert,
ein Baby schreit,
eine Nachbarin plappert,
und ganz weit
quietscht eine Bahn in den Schienen.
So kommt ein Tag in die Stadt:
im Dämmerlicht um halb sieben,
in die Stadt, die geschlafen hat.

Vielleicht ist am Abend der Regen zu Ende,
vielleicht ist der Himmel dann rot,
vielleicht hat die Putzfrau rissige Hände,
und vielleicht ist die Nachbarin tot.

Ein neuer Tag im Dämmerkleid . . .
Irgendwo plappert ein Kind,
eine Straßenbahn rasselt, ein Wecker schreit,
am Fenster rüttelt der Wind.
So kommen die Tage über die Städte:
am Morgen im fahlen Licht,
und welcher Tag in der langen Kette
keinen Abend hat – ich weiß es nicht.

Hans Adolf Halbey

Manche Kinder sprechen die erste Strophe mit geschlossenen Augen. So
können sie sich besser vorstellen, was sie sagen: Es ist noch dunkel, man sieht
noch nichts in der Stadt, man hört nur Geräusche.
Wahrscheinlich darf man dieses Gedicht nicht zu lebhaft sprechen. Es ist
schließlich nicht fröhlich. Aber den Ton muß jeder selbst ausprobieren. Jeder
muß so sprechen, wie er es empfindet.

Gelogen

„So schnell kriegt mich hier keiner hoch!"
sprach ein müder Wandrer mit Schnaufen.
So sagte er. Und setzte sich
auf einen Ameisenhaufen.

Josef Guggenmos

Die Nadel sagt zum Luftballon:

„Du bist rund,
ich bin spitz.
Jetzt machen wir beide
einen Witz.
Ich weiß ein lustiges
Schnettereteng:
Ich mache pick,
und du machst peng!"

Josef Guggenmos

Hochzeit

	und
In einem	GUMMI-
GUMMI-	BÄRCHEN-
BÄRCHEN-	OTTOKÄRCHEN
MÄRCHEN	ein
wird aus dem	GUMMI-
GUMMI-	BÄRCHEN-
BÄRCHEN-	MÄRCHEN-
KLÄRCHEN	PÄRCHEN

Jürgen Spohn

Der Stein

Ein kleines Steinchen rollte munter
von einem hohen Berg herunter.

Und als es durch den Schnee so rollte,
ward es viel größer als es wollte.

Da sprach der Stein mit stolzer Miene:
„Jetzt bin ich eine Schneelawine."

Er riß im Rollen noch ein Haus
und sieben große Bäume aus.

. . .

Joachim Ringelnatz

Denkt euch selber die letzte Strophe aus. Welche Joachim Ringelnatz geschrieben hat, ist hinten auf Seite 88 versteckt.

Ein Schnurps grübelt

Also, es war einmal eine Zeit,
da war ich noch gar nicht da. –
Da gab es schon Kinder, Häuser und Leut'
und auch Papa und Mama,
jeden für sich –
bloß ohne mich!

Ich kann mir's nicht denken. Das war gar nicht so.
Wo war ich denn, eh es mich gab?
Ich glaub', ich war einfach anderswo,
nur, daß ich's vergessen hab',
weil die Erinnerung daran verschwimmt –
Ja, so war's bestimmt!

Und einmal, das sagte der Vater heut,
ist jeder Mensch nicht mehr hier.
Alles gibt's noch: Kinder, Häuser und Leut',
auch die Sachen und Kleider von mir.
Das bleibt dann für sich –
bloß ohne mich.

Aber ist man dann weg? Ist man einfach fort?
Nein, man geht nur woanders hin.
Ich glaube, ich bin dann halt wieder dort,
wo ich vorher gewesen bin.
Das fällt mir dann bestimmt wieder ein.
Ja, so wird es sein!

Michael Ende

Das ganze Gedicht handelt von einer Nachdenkerei in fragend-grübelndem
Ton. Das muß man beim Sprechen unbedingt hören. Aber in der letzten
Strophe wird der Ton allmählich anders. Man muß hören, wie dem Schnurps
nach und nach die Erleuchtung kommt. Ob es die richtige ist?
Das Gedicht stammt aus dem „Schnurpsenbuch" von Michael Ende.
Übrigens: Habt ihr zu Hause Familienbilder aus einer Zeit, als es euch noch
nicht gab?

Der Baum

Zu fällen einen schönen Baum,
braucht's eine halbe Stunde kaum.
Zu wachsen, bis man ihn bewundert,
braucht er, bedenk es, ein Jahrhundert.

Eugen Roth

Nach der zweiten Zeile ahnt man, was Eugen Roth sagen will. Aber er macht es spannend: Immer, wenn man denkt, jetzt sagt er es, kommt noch ein Einschub. Wenn ihr diese Einschübe in aller Ruhe und deutlich abgesetzt sprecht, wird die Spannung am besten deutlich. Eugen Roth hat das wahrscheinlich so spannend gemacht, damit die Leser leichter begreifen, wie ungeheuerlich das ist, wovon er schreibt.

Wirklich begreifen kann man das vielleicht nur, wenn man sich eine Zeitleiste aus Papier macht.

Der Sperling Roderich

Was tut zu seinem Zeitvertreib der Sperling auf dem Birnbaum-
zweig? Er kneift die beiden Augen zu und denkt, er sei ein
Kakadu. Er denkt: Es ist wahrhaftig wahr, ich bin ganz bunt und
wunderbar.

Da schreit die Amsel: „Roderich, der Kater naht! Gleich frißt
er dich!"

Der Kater Schnappidorowitz hebt seine Krallen scharf und spitz.
Er hebt die Pfote, schlägt mit Wucht die scharfen Krallen
in die – Luft. Und spricht voll Ärger dieses Wort: „Nanu, da saß
doch einer dort!"

Doch Roderich ist nicht mehr da. Er fliegt davon, juchheirassa!

Josef Guggenmos

Zum ersten Absatz: Kneift wirklich eure Augen zu und sprecht übertrieben
begeistert.
Zum zweiten Absatz: Aufgeregt sprechen und wirklich schreien!
Dritter Absatz: Ihr solltet ganz langsam sprechen, spannend, Silbe für Silbe.
Auch die Pfote hebt der Kater noch langsam. Dann aber geht es immer
schneller, auch mit der Stimme. Danach muß man des Katers Verblüffung in
eurer Stimme hören.
Für den letzten Satz gibt es sehr viele Möglichkeiten der Betonung. Dem
Sprecher und den Zuhörern macht es Spaß, wenn sie dazu vor Erleichterung
ein bißchen mit den Händen „flattern".
Damit ihr das Gedicht leichter sprechen könnt, ist es hier als fortlaufender
Text gedruckt. Wer Lust hat, kann acht Strophen mit je zwei Zeilen daraus
machen – wie Josef Guggenmos. Ihr könnt das Gedicht auf ein Blatt schreiben
und passende Bilder dazu malen.

Die Lesestunde

Ein Hund, ein Schwein, ein Huhn, ein Hahn,
ein Specht, der grade zu Besuch,
die fanden hinterm Haus ein Buch –
was haben da die fünf getan?
Sie riefen laut: „Mal sehn,
was mag auf Seite eins wohl stehn?"

„Oi, oi, oi, oi", so las das Schwein.
Da sprach der Hund: „Das kann nicht sein.
Da steht wau wau wau wau wau wau."
Der Specht rief gleich: „Ich seh's genau,
da steht tak tak tak tak tak tak."
Das Huhn las eifrig: „Gack gack gack."
Hell schrie der Hahn: „Das stimmt doch nie,
da steht kikeri kri kri kri!"

Die Eule hörte das Geschrei
im Tagversteck und flog herbei.
Nun sprach der Hahn mit wilden Augen:
„Das dumme Buch kann nicht viel taugen,
denn jedem lügt's was andres vor."
Die Eule hielt es an ihr Ohr:
„Mir sagt das Buch, es läg daran,
daß keiner von euch lesen kann."

Hans Baumann

Dieses Gedicht kann man gut mit verteilten Rollen sprechen – auch spielen. Es ist denkbar, daß Hans Baumann mit diesem Gedicht auch etwas über das Verhalten von Menschen sagen wollte. Aber was? Darüber kann man genauso streiten wie die Tiere in diesem Gedicht: Jeder liest etwas anderes heraus. (Eine Eule müßte man haben!)

ottos mops

ottos mops trotzt
otto: fort mops fort
ottos mops hopst fort
otto: soso

otto holt koks
otto holt obst
otto horcht
otto: mops mops
otto hofft

ottos mops klopft
otto: komm mops komm
ottos mops kommt
ottos mops kotzt
otto: ogottogott

Ernst Jandl

Zuerst solltet ihr euch in Gruppen zusammensetzen. Überlegt:
○ Was geschieht hier?
○ Was ist das Besondere an diesem Gedicht? (Es sind mehrere Besonder-
   heiten!)
Nach ein paar Minuten erzählt aus jeder Gruppe einer, was ihr herausgefunden habt. So erfährt es die ganze Klasse.
Später könnt ihr selbst ein ähnliches Gedicht schreiben. Ihr könnt es wieder
in Gruppen machen. Die erste Gruppe schreibt ein a-Gedicht vom Spatz, die
zweite ein e-Gedicht vom Specht, die dritte ein i-Gedicht vom Fisch, die vierte
ein o-Gedicht vom Frosch und die fünfte ein u-Gedicht vom Wurm.
Im Reimwörterlexikon ab Seite 90 findet ihr zuerst alle Wörter mit a, dann mit
e, i, o, u. Sucht nur einsilbige heraus. Am besten ist, ihr schreibt euch viele heraus. Mit denen dichtet ihr.

Das Wasser

Vom Himmel fällt der Regen
und macht die Erde naß,
die Steine auf den Wegen,
die Blumen und das Gras.

Die Sonne macht die Runde
in altgewohntem Lauf
und saugt mit ihrem Munde
das Wasser wieder auf!

Das Wasser steigt zu Himmel
und wallt dort hin und her.
Da gibt es ein Gewimmel
von Wolken, grau und schwer.

Die Wolken werden nasser
und brechen auseinand',
und wieder fällt das Wasser
als Regen auf das Land.

Der Regen fällt ins Freie,
und wieder saugt das Licht,
die Wolke wächst aufs neue,
bis daß sie wieder bricht.

So geht des Wassers Weise:
Es fällt, es steigt, es sinkt
in ewig-gleichem Kreise,
und alles, alles trinkt!

James Krüss

Warnung: In fast jeder Strophe dieses Gedichts gibt es eine Zeile, die hervor-
ragend zum Leiern geeignet ist. Es ist eine große Kunst, dieses Gedicht ohne
Leiern zu sprechen.

Das Feuer

Hörst du, wie die Flammen flüstern,
knicken, knacken, krachen, knistern,
wie das Feuer rauscht und saust,
brodelt, brutzelt, brennt und braust?

Siehst du, wie die Flammen lecken,
züngeln und die Zunge blecken,
wie das Feuer tanzt und zuckt,
trockne Hölzer schlingt und schluckt?

Riechst du, wie die Flammen rauchen,
brenzlig, brutzlig, brandig schmauchen,
wie das Feuer, rot und schwarz,
duftet, schmeckt nach Pech und Harz?

Fühlst du, wie die Flammen schwärmen,
Glut aushauchen, wohlig wärmen,
wie das Feuer, flackrig-wild,
dich in warme Wellen hüllt?

Hörst du, wie es leiser knackt?
Siehst du, wie es matter flackt?
Riechst du, wie der Rauch verzieht?
Fühlst du, wie die Wärme flieht?

Kleiner wird der Feuersbraus:
Ein letztes Knistern,
ein feines Flüstern,
ein schwaches Züngeln,
ein dünnes Ringeln –
aus.

James Krüss

Dieses Gedicht solltet ihr nur sprechen, wenn ihr vorher gemeinsam ein Feuer
erlebt habt. Ihr versteht sonst viele Wörter nicht.
Achtet in den ersten fünf Strophen auf das erste Wort. Es sagt, wovon die
ganze Strophe handelt.
Es ist zu schwierig, dieses Gedicht auswendig zu lernen.

Der Wind

In allem Frieden
  schlief abgeschieden
  hinter einer Hecke
der Wind.
Da hat ihn die Spitzmaus
  – wie Spitzmäuse sind –
ins Ohr gezwickt.

Der Wind erschrickt,
springt auf die Hecke,
fuchsteufelswild,
  brüllt,
packt einen Raben
beim Kragen,
rast querfeldein
ins Dorf hinein,
  schüttelt einen Birnbaum beim Schopf,
  reißt den Leuten den Hut vom Kopf,
  schlägt die Wetterfahne herum,
  wirft eine Holzhütte um,
  wirbelt den Staub in die Höhe:
    wehe,
    der Wind ist los!

Josef Guggenmos

Zwischen den beiden Teilen des Gedichts ist eine sogenannte „Leerzeile".
Josef Guggenmos weiß genau, warum. Er weiß auch genau, warum er dieses
Gedicht so unregelmäßig gedruckt haben will. (Und die vielen W und w in
den letzten Zeilen sind auch kein Zufall.)
Ab Zeile acht muß das Gedicht gesprochen werden, wie sich der Wind auf-
führt: „fuchsteufelswild". Am besten wäre es, bis „wehe" überhaupt nicht Luft
zu holen. Schade, daß das nicht zu machen ist.
Wer das Gedicht mit Temperament spricht, merkt: Es ist fast unmöglich, die
Hände beim Sprechen stillzuhalten.
Eine interessante Aufgabe: Sucht alle Wörter, die sagen, was der Wind tut.

Das Gewitter

Hinter dem Schloßberg kroch es herauf:
Wolken – Wolken!
Wie graue Mäuse,
ein ganzes Gewusel.
Zuhauf jagten die Wolken gegen die Stadt.
Und wurden groß
und glichen Riesen
und Elefanten
und dicken, finsteren Ungeheuern,
wie sie noch niemand gesehen hat.
Gleich geht es los!
sagten im Kaufhaus Dronten
drei Tanten
und rannten heim, so schnell sie konnten.
Da fuhr ein Blitz
mit hellichtem Schein,
zickzack,
blitzschnell
in einen Alleebaum hinein.
Und ein Donner schmetterte hinterdrein,
als würden dreißig Drachen
auf Kommando lachen,
um die Welt zu erschrecken.
Alle Katzen in der Stadt
verkrochen sich
in die allerhintersten Stubenecken.
Doch jetzt ging ein Platzregen nieder!
Die Stadt war überall
nur noch ein einziger Wasserfall.
Wildbäche waren die Gassen.
Plötzlich war alles vorüber.
Die Sonne kam wieder
und blickte vergnügt
auf die Dächer, die nassen.

Josef Guggenmos

Gewitterlied

Schwarz sind die Wolken.
Ein erster Blitz.
Die Hähne krähen
so schrill und spitz.

Die Vögel zittern
und sind so stumm.
Da rollt der Donner:
rummbumm, rummbumm!

Mit Blitz und Regen
und Wolken schwer
braust das Gewitter
von Westen her.

James Krüss

In der Blitz-Strophe von James Krüss sind die Wörter mit i die wichtigsten. In der Donner-Strophe ist das anders. Das hat er natürlich absichtlich so geschrieben.

Josef Guggenmos hat es anders gemacht. Vorschlag: Sprecht in Gruppen darüber, wie er mit Sprache und Zeilenlänge ein Gewitter darstellt. Seht euch die Stelle vom Blitz gut an. Und guckt euch auch unbedingt diese komplizierten Endreime an! Nach einigen Minuten kann aus jeder Gruppe einer der Klasse berichten, was seine Gruppe herausgefunden hat.

Das Guggenmos-Gedicht könnt ihr in vier Abschnitte teilen. Dann können jeweils vier Kinder sprechen.

Fragt mal eure Lehrerin oder euren Lehrer, ob ihr euch aussuchen dürft, welches der beiden Gedichte ihr lernen wollt.

Was schreibt denn der Regen ans Fenster?

Was schreibt denn der Regen ans Fenster?
Ja, was?
Er schlägt an die Scheiben. Da glänzt er
und schreibt mit den Tropfen ans Fenster:
Der Regen, der Regen ist naß!

Was nimmt denn der Regen zum Schreiben?
Ja, was?
Der Regen nimmt Wasser zum Schreiben
und schreibt an die rinnenden Scheiben:
Das Wasser, das Wasser ist naß!

Was nützt denn dem Regen das Schreiben?
Ja, was?
Er kann sich damit an den Scheiben
die Zeit, wenn er Lust hat, vertreiben.
Denn Schreiben, denn Schreiben macht Spaß.

James Krüss

Ihr solltet nicht versäumen, dieses Gedicht auswendig zu lernen. Eine oder einer von euch steht vor der Klasse und spielt Lehrerin oder Lehrer. Er oder sie fragt die Klasse in jeder Strophe die Eingangsfrage. Weil die Klasse es nicht weiß, fragt sie im Chor zurück: „Ja, was?"
Die Lehrerin erklärt es: Sie spricht bis zum Ende der Strophe. Dann haben es die Kinder verstanden. Darum wiederholen sie die letzte Zeile. Die ist ja die Antwort auf die Eingangsfrage.

Der Bärenführer

Ein Bärenführer ist ein Mann,
der einen Bären führen kann.

Wem es an dieser Kunst gebricht,
der führt den Bären besser nicht.

Sonst wird er unterwegs zumeist
vom Bären, den er führt, verspeist.

Dasselbe gilt auch für den Panther,
nur schreitet der viel eleganter.

Drum wollen wir zusammenfassen:
Wer es nicht kann, soll's lieber lassen!

Richard Bletschacher

Habt ihr Lust, selber Gedichte mit dieser Schlußstrophe zu dichten? Bitte schön, hier sind ein paar Anregungen: Der Regenpfeifer, der Wetterwender, der Mäusemelker, der Hundestemmer, der Nasenbohrer, der Fliegenfänger, der Fenstergucker, der Haarespalter, der Erbsenzähler. Von diesen Leuten könnt ihr schreiben.
Die erste Strophe kann immer ähnlich wie bei Richard Bletschacher sein; die letzte ist immer genauso wie seine. Dazwischen dichtet ihr eure eigenen Strophen. Das geht auch in Partnerarbeit – und natürlich mit dem Reimwörterlexikon. Ein Tip zum Schluß: Einige gut gelungene Gedichte werden hintereinander vorgetragen. Am Schluß spricht die Klasse jeweils als Kehrreim: „Drum wollen wir zusammenfassen: Wer es nicht kann, soll's lieber lassen!"

Dieses Fußballspiel fällt aus

Der Peter sagt zum Roderich:
„Stell dich ans Tor, jetzt schieße ich."
Drauf sagt der Roderich zum Peter:
„Verlier beim Schuß nicht deine Treter."

Der Peter sagt: „He, Roderich,
mein lieber Freund, ich warne dich!"
Drauf sagt der Roderich zum Peter:
„Du schießt wohl mit dem Mund Elfmeter."

Der Peter sagt zum Roderich:
„Du Spielverderber, spiel für dich."
Drauf sagt der Roderich zum Peter:
„Schieß in den Wind! Wir spielen später."

Hildegard Wohlgemuth

Großer Schmerz

Der kleine Max schreit fürchterlich.
Was hat sich zugetragen?
Er windet, bäumt und schüttelt sich
und hört nicht auf zu klagen.

Kurzum, sein Schmerz scheint riesengroß
und kaum noch zu ermessen.
„Nun sag mal, warum weinst du bloß?"
„Das hab ich ganz vergessen."

Heinrich Minden

Manche Kinder sprechen das Wort „fürchterlich" so harmlos wie „guten Morgen". Ihr solltet es so sprechen, daß man hört: Der Kleine schreit wirklich fürch-ter-lich!
Wieder einmal liegt der Höhepunkt am Schluß. Macht ruhig vor der letzten Zeile eine kurze Pause. Versetzt euch während dieser Pause schnell in den Kleinen. Und dann sprecht den letzten Satz. Vielleicht klingt eure Stimme dann erstaunt. Und hoffentlich sieht auch euer Gesicht erstaunt aus.

Der weiße Hirsch

Es gingen drei Jäger wohl auf die Pirsch,
sie wollten erjagen den weißen Hirsch.

Sie legten sich unter den Tannenbaum;
da hatten die drei einen seltsamen Traum.

„Mir hat geträumt, ich klopf auf den Busch,
da rauschte der Hirsch heraus, husch, husch!"

„Und als er sprang mit der Hunde Geklaff,
da brannt ich ihm auf das Fell, piff, paff!"

„Und als ich den Hirsch an der Erde sah,
da stieß ich lustig ins Horn, trara!"

So lagen sie da und sprachen, die drei,
da rannte der weiße Hirsch vorbei.

Und eh die drei Jäger ihn recht gesehn,
so war er davon über Tiefen und Höhn.

Husch, husch! Piff, paff! Trara!

Ludwig Uhland

Ludwig Uhlands Ballade können vier Kinder mit verteilten Rollen sprechen.
Wenn die Stimmen der drei Möchtegern-Jäger etwas wichtigtuerisch klingen,
passen sie besonders gut zu den „Helden". Die letzte Zeile sollte dann
spöttisch klingen, und das letzte Wort sollte der Sprecher triumphierend
schmettern: Ätsch!

Hunnenzug

Finsterer Himmel, pfeifender Wind,
wildöde Heide, der Regen rinnt,
von fern ein Schein wie ein brennendes Dorf,
mattdüsterer Glanz auf den Lachen im Torf.
Da plötzlich ein stampfendes, dumpfes Geroll
wie drohenden Wetters steigender Groll,
und lauter und lauter erdröhnt die Erde
vom stürmischen Nahn einer wilden Herde.
Ein Hunnenschwarm mit laut jauchzendem Ruf!
Dumpf donnert und poltert der Rosse Huf,
es erbebt die Heide, der Schlamm spritzt auf
an den dolchbehangenen Sattelknauf.
Ein köcherumrauschter, gewaltiger Schwarm,
hell klirren die Spangen an Sattel und Arm,
das Haupt geneigt auf die struppige Mähne,
die braune Faust an gespannter Sehne, –
durch den rauschenden Regen wild gellt ihr Schrei,
immer mehr, immer neue jagen herbei
von der Heimatlosen unzählbaren Schar,
der der Sattel Wiege und Sterbebett war.
Da endlich die letzten vom Völkerheer –
zerstampft und zertreten die Heide umher,
ein letztes Wiehern im Winde – als Spur
auf dem schwarzen Schlamme ein Riemen nur.
Finsterer Himmel, pfeifender Wind,
wildöde Heide, der Regen rinnt,
von fern ein Schein wie ein brennendes Dorf,
und düsterer Glanz auf den Lachen im Torf.
Börries von Münchhausen

Die Hunnen waren vor sehr langer Zeit ein wildes Reitervolk. Sogar die Römer hatten vor ihnen Angst. Stellt euch vor: Ihr steht auf der Heide, allein. Nur Wind und Regen sind zu hören. Plötzlich ein Geräusch in der Ferne, dumpf und leise. Es kommt immer näher, wird immer lauter. Und dann ... Mit eurer Stimme müßt ihr das erleben: erst die Einsamkeit und Ruhe, dann die allmähliche Steigerung, dann drei Strophen lang der atemlos-wilde Höhepunkt. Danach das leiser werdende Galoppieren und zum Schluß wieder Einsamkeit und Ruhe.

John Maynard

John Maynard!

„Wer ist John Maynard?"

„John Maynard war unser Steuermann,
aus hielt er, bis er das Ufer gewann,
er hat uns gerettet, er trägt die Kron,
er starb für uns, unsre Liebe sein Lohn.
John Maynard."

Die „Schwalbe" fliegt über den Erie-See,
Gischt schäumt um den Bug wie Flocken von Schnee;
von Detroit fliegt sie nach Buffalo –
die Herzen aber sind frei und froh,
und die Passagiere mit Kindern und Fraun
im Dämmerlicht schon das Ufer schaun,
und plaudernd an John Maynard heran
tritt alles: „Wie weit noch, Steuermann?"
Der schaut nach vorn und schaut in die Rund:
„Noch dreißig Minuten. Halbe Stund."

Alle Herzen sind froh, alle Herzen sind frei –
da klingts aus dem Schiffsraum her wie Schrei,
„Feuer!" war es, was da klang,
ein Qualm aus Kajüt und Luke drang,
ein Qualm, dann Flammen lichterloh,
und noch zwanzig ...

Und die Passagiere, buntgemengt,
am Bugspriet stehn sie zusammengedrängt,
am Bugspriet vorn ist noch Luft und Licht,
am Steuer aber lagert sichs dicht,
und ein Jammern wird laut: „Wo sind wir? Wo?"
Und ...

Der Zugwind wächst, doch die Qualmwolke steht,
der Kapitän nach dem Steuer späht,
er sieht nicht mehr seinen Steuermann,
aber durchs Sprachrohr fragt er an:
„Noch da, John Maynard?"
               „Ja, Herr. Ich bin."
„Auf den Strand! In die Brandung!"
               „Ich halte drauf hin."
Und das Schiffsvolk jubelt: „Halt aus! Hallo!"
. . .

„Noch da, John Maynard?" Und Antwort schallts
mit ersterbender Stimme: „Ja, Herr, ich halts!"
Und in die Brandung, was Klippe, was Stein,
jagt er die „Schwalbe" mitten hinein.
Soll Rettung kommen, so kommt sie nur so.
Rettung: . . .

Das Schiff geborsten. Das Feuer verschwelt.
Gerettet alle. Nur *einer* fehlt!
Alle Glocken gehn; ihre Töne schwelln
himmelan aus Kirchen und Kapelln,
ein Klingen und Läuten, sonst schweigt die Stadt,
ein Dienst nur, den sie heute hat:
Zehntausend folgen oder mehr,
und kein Aug im Zuge, das tränenleer.

Sie lassen den Sarg in Blumen hinab,
mit Blumen schließen sie das Grab,
und mit goldner Schrift in den Marmorstein
schreibt die Stadt ihren Dankspruch ein:
      Hier ruht John Maynard! In Qualm und Brand
      hielt er das Steuer fest in der Hand,
      er hat uns gerettet, er trägt die Kron,
      er starb für uns, unsre Liebe sein Lohn.
      John Maynard.
Theodor Fontane

Theodor Fontane hat dieses Gedicht an den Stellen mit . . . besonders spannend gemacht. Wie, das könnt ihr selbst herausfinden. Fontanes Lösung ist
auf Seite 88 versteckt.

Vierter Teil

Gedichtbaukästen

Inhalt	Seite

Hexen-Leibgericht

In der . . .   . . . Hexen
gibt es Hexen . . .   . . . zwei bis drei.
Diese arbeitslosen . . .   . . . Kuddelmuddelei
nähren sich von . . .   . . . freuen sich!
Kleckse sind ihr . . .   . . . Leibgericht.
Hast du welche, ... Tintenklecksen.
denn die Hexen . . .   . . . schäm dich nicht,

Bruno Horst Bull

Große Wellen

Es machte einmal
große Wellen   das war fein
Ein Hering   Nur Mut!
„Ich wollte,   ein Wal.
„Probier es doch selber. ich wäre du!"
Aber ja,   du kannst es schon gut!"
So sprach der Wal,   schaute ihm zu:
(man soll lieb zu den Kleineren sein).

Josef Guggenmos

Die Zeilen dieser beiden Gedichte sind auseinandergeschnitten. Wenn du sie richtig wieder zusammenfügst, erhältst du die Gedichte.
Du kannst sie in Schönschrift auf ein großes Blatt schreiben und dazu auch malen. Dann könnt ihr vielleicht in der Klasse eine kleine Ausstellung machen.

Kleine Elefanten

Wer erzieht die kleinen Elefanten?
Nicht der Vater, sondern nur die Tanten.
Den Kleinen begleiten sie überall
auf den Elefantentantenbeinen.

Wenn Gefahr naht, stellen sie sich weise
um ihn her im Kreise – Kopf nach innen –,
so daß im Vorübergehen Feinde
nur die Elefantentantenhintern sehen.

Dadurch kommt es, daß ein Elefantenkind,
wenn es groß ist und schon laut trompetet,
leicht errötet und schutzbedürftig bleibt
und empfindlich ist, wie alte Tanten sind.

James Krüss

Was James Krüss hier von Elefanten geschrieben hat, ist wahr. – Die ersten beiden Zeilen und die letzte Zeile hat er wörtlich so geschrieben. (Mehrere andere auch.) Aber in einigen Zeilen sind die Wörter umgestellt.

Aufgepaßt!

„Ich ging einmal in den Wald hinaus!"
„Ich auch."
„Da kam ich an ein ⬚."
„Ich auch."
„Die Hexe schaute zum Fenster ⬚."
„Ich auch."
„Sie aß einen Käse und freute ⬚."
„Ich auch."
„Der Käse aber stank ⬚."
„Ich ⬚."

Bruno Horst Bull

In diesem Gedicht fehlen mehrere Reimwörter. Überlegt mit Partnern, welche es sind. Dann könnt ihr das Gedicht vollständig und in Schönschrift abschreiben. Die fehlenden Wörter sind auf Seite 88 versteckt.

Opas Pille

Opa hat für alles eine wirksame Pille: für Husten,
Schnupfen, für Bauchschmerzen, Zahnschmerzen, Liebeskummer und Schlafstörungen. Die Pille heilt auch Häßlichkeit. Sie hilft sogar gegen Dummheit; nur gegen
eines nicht: gegen Opas Vergeßlichkeit. Irgend etwas
sucht Opa immer: mal die Brille, mal die Hülle für die
Brille und manchmal sogar . . .

Nach Mascha Kaléko

Diese Geschichte hat Mascha Kaléko als Gedicht geschrieben. Hier stehen
nur noch die Reimwörter. Den Rest müßt ihr euch selber ausdenken. Baut das
Gedicht so, daß man es mit guter Betonung sprechen kann. Mascha Kalékos
vollständiges Gedicht ist hinten irgendwo versteckt.

> Für alles hat Opa 'ne wirksame Pille:
> Schlummer,
> Liebeskummer.
> Häßlichkeit
> Vergeßlichkeit:
> Brille
> Hülle
> Pille!

Hexenhaus, raus, rens, sich fürchterlich (?)

und manchmal sucht Opa sogar seine Pille!
Mal sucht er die Brille, mal sucht die Hülle,
doch leider nicht Opas Vergeßlichkeit:
Die Pille heißt Dummheit und Häßlichkeit,
für Bauchweh und Zahnweh und Liebeskummer.
für Husten und Schnupfen und mangelnden Schlummer,

Wörter mit Zw und zw

Zwang zwanzig zwar Zweck zwecklos zwei zweihundert
zweimal Zweifel zweifeln Zweig Zwerg Zwetsche
zwicken Zwickmühle Zwieback Zwiebel
Zwilling zwingen Zwinger zwinkern Zwirn zwischen
Zwischenfall Zwischenraum zwitschern zwölf

Auf Seite 14 sind die Zwicke-Verse von Jürgen Spohn abgedruckt. Hier stehen noch mehr Wörter mit Zw und zw. Wer Lust hat, kann daraus Sätze mit möglichst vielen Zw-Wörtern reimen.

flick und flack und flick und flack
buum badabuu buum badabuu badabuu

Fragezeichen

Rettung: der Strand von Buffalo.
Und noch zehn Minuten bis Buffalo.
Und noch fünfzehn Minuten bis Buffalo.
Und noch zwanzig Minuten bis Buffalo. ...
Zwanzig Minuten bis Buffalo.

Dann rollte er ins Meer hinein,
und dort versank der kleine Stein.

Wie ihr dieses Lexikon gebrauchen könnt
Andreas will seinem Freund Thomas ein Gedicht zum Geburtstag schreiben. Er fängt an: „Seht euch nur den Thomas an..." Nun sucht er ein Reimwort auf **an**. Es fällt ihm keins ein.
Deshalb schlägt er im Reimwörterlexikon nach. Er findet zwei Sorten Wörter mit **an**: **ān**... und **an**... Der Strich über dem **a** bedeutet: Es wird lang gesprochen wie in **Bahn**. Diese Wörter braucht Andreas nicht. **Bahn** reimt sich nicht genau auf **an**. Darum sieht er also bei der zweiten Sorte Wörter nach. Er findet acht, die sich auf **an** reimen: **dann**, **daran** usw. Zu einem dieser acht Wörter fällt ihm wahrscheinlich ein Reim ein.
Aber es ist natürlich nicht sicher. In einem so kleinen Reimwörterlexikon stehen ja auch nur die wichtigsten Reimwörter.

Es ist immer schwierig, wenn man erst eine Zeile schreibt und dann einen Reim sucht. Zum Glück gibt es eine zweite Möglichkeit: Andreas sucht sich eine große Wörtergruppe aus. Zuerst probiert er es mit **and, ant, annt**. Er liest alle Reimwörter zu **and**... und überlegt, ob ihm zwei Zeilen zu ihnen einfallen. Plötzlich fällt ihm ein:

Bei der Mama an der **Hand**
kommt der Thomas **angerannt.**

Aber vielleicht fällt ihm auch nichts ein. Dann versucht er es einfach mit einer anderen Wörtergruppe.

Die Wörter in diesem Reimlexikon sind natürlich nach dem ABC geordnet. Sie sind aber nicht nach dem Rechtschreiben geordnet. Dann müßten zum Beispiel **Beere**, **Ehre** und **Schere** getrennt stehen. Weil sie sich reimen, stehen sie alle einfach zusammen.

Noch ein Tip: Sprecht beim Reimen oft halblaut vor euch hin. Ihr findet dann leichter Reimwörter.

[a] ah	aben	acht	ächtig	ade
Afrika	anhaben	acht	allmächtig	fade
aha!	ausgraben	Andacht	andächtig	gerade
Amerika	begraben	aufgewacht	bedächtig	Gnade
Aroma	gaben	ausgedacht	mächtig	grade
basta!	gegraben	ausgemacht	ohnmächtig	Limonade
beinah	graben	bewacht	prächtig	Made
da	haben	Fracht	verdächtig	Marmelade
Dingsda	traben	gebracht		Parade
etwa		gedacht	ack, ak	Pfade
Europa	āch	gemacht	Anorak	Rade
Firma	brach	kracht	back	Schokolade
Gorilla	danach	lacht	Bei-	Schublade
hurra!	demnach	Macht	geschmack	Wade
ja	nach	Nacht	Frack	
Kamera	sprach	Pracht	Geschmack	aden
Klima	stach	sacht	huckepack	baden
Mama		Schlacht	pack	Faden
nah	ach	selbst-	Pack	Kameraden
na ja!	ach!	gemacht	Rucksack	laden
Papa	Bach	umgebracht	Sack	Laden
prima	Dach	verbracht	Tabak	schaden
Sauna	einfach	Verdacht	ticktack	Schaden
Sofa	Fach	verkracht		
trallala!	flach	vollbracht	acken	af
	Krach	wacht	abhacken	Fotograf
abe	Schach	Weihnacht	auspacken	Graf
Aufgabe	schwach		backen	Schaf
Buchstabe		achten	einpacken	Schlaf
Gabe	achen	achten	hacken	traf
Grabe	auslachen	beachten	knacken	
Knabe	Drachen	betrachten	Nacken	afen
Rabe	krachen	brachten	packen	Hafen
Zugabe	lachen	dachten		schlafen
	machen	lachten	ackt, akt	strafen
abel	Rachen	machten	Akt	trafen
blamabel	Sachen	schlachten	exakt	
Fabel	Schwachen	übernachten	gezackt	
Gabel	verkrachen	verachten	Kontakt	
Kabel	vormachen	vermachten	nackt	
Nabel	wachen	wachten	packt	
Schnabel	zumachen		Takt	

affen	**agen**	radikal	**allen**	**ām**, ahm
Affen	fragen	Saal	einfallen	aufmerksam
gaffen	Fragen	Schal	fallen	bekam
klaffen	jagen	Schicksal	hallen	gehorsam
paffen	klagen	Skandal	knallen	kam
schaffen	Kragen	Stahl	krallen	Kram
straffen	lagen	Strahl	lallen	langsam
	Magen	Tal	schallen	nahm
ag	sagen	Wahl	schnallen	Rahm
Alltag	schlagen	Zahl	überfallen	Scham
Antrag	tragen		umfallen	seltsam
Auftrag	verklagen	**all**		
Ausschlag	wagen	Abfall	**alt**	**ame**
Beitrag	Wagen	all	alt	Dame
Belag		All	Anstalt	Name
Betrag	**ähen**	Ball	Anwalt	Reklame
Feiertag	blähen	Beifall	Asphalt	Same
Geburtstag	krähen	Durchfall	Aufenthalt	
Handschlag	mähen	Einfall	eiskalt	**amm**
lag	nähen	Fall	Gewalt	Autogramm
mag	spähen	Knall	halt	Damm
Nachmittag		Krawall	Halt	Gramm
Tag	**al**, ahl	Metall	Haushalt	Kamm
Wochentag	Anzahl	prall	Inhalt	Lamm
	Auswahl	Reinfall	kalt	Schlamm
age	befahl	Stall		Schwamm
Absage	Diebstahl	überall	**alten**	Stamm
Anfrage	diesmal	Überfall	alten	stramm
Aussage	einmal	Unfall	aushalten	
Beilage	kahl	Wall	erhalten	**ammer**
heutzutage	Kanal	Wasserfall	falten	Hammer
Klage	katastrophal	Wutanfall	festhalten	Jammer
Lage	keinmal	Zufall	halten	Kammer
Niederlage	Lineal	Zwischenfall	spalten	Klammer
Plage	Mahl		verwalten	
Sage	manchmal	**alle**		
Tage	Material	alle		
	Moral	Falle		
	normal	Galle		
	Original	Kralle		
	Pfahl	Schnalle		
	Pokal			
	Qual			

ān, ahn	genannt	**äne, ähne**	**angen**	**anne**
Bahn	gerannt	erwähne	entgangen	Kanne
getan	Hand	gähne	gefangen	Manne
Hahn	Heimatland	Hähne	gehangen	Panne
Kahn	interessant	Kähne	klangen	Pfanne
Kran	Land	Kräne	langen	Tanne
Organ	niemand	Mähne	sangen	Wanne
Orkan	Rand	Pläne		
Ozean	riskant	Späne	**änger, enger**	**ant**
Plan	Sand	Träne	Anhänger	→ and
Roman	stand		enger	
Schwan	Stand	**ang**	Fußgänger	**ante, annte**
Untertan	Strand	Abhang	länger	brannte
Vulkan	verbrannt	Andrang	Sänger	kannte
Zahn	Wand	Anfang	strenger	Kante
		Anhang		rannte
an, ann	**ande**	Ausgang	**ank**	Tante
an	Bande	Durchgang	Bank	
dann	imstande	Eingang	blank	**anz**
daran	Lande	entlang	Dank	ganz
heran	Rande	Gang	ertrank	Glanz
kann	Schande	gelang	Gestank	Kranz
man	Strande	Gesang	krank	Tanz
Mann		klang	sank	
ran	**anden**	Klang	schlank	**appe**
wann	ein-	lang	stank	Attrappe
	verstanden	sang	Tank	Klappe
and, ant,	entstanden	sprang		Mappe
annt	erfanden	tagelang	**anken**	Pappe
Abendland	fanden	Untergang	bedanken	Rappe
abgebrannt	landen		danken	
allerhand	standen	**ange**	kranken	**appen**
anerkannt	stranden	bange	sanken	Happen
angebrannt	vorhanden	empfange	stanken	klappen
Armband		lange	tanken	Lappen
Band	**ane, ahne**	Schlange	tranken	schnappen
bekannt	Banane	Spange	wanken	Wappen
Brand	Fahne	Stange	zanken	
Deutschland	Germane	verlange		
Elefant	Karawane	Zange		
elegant				
fand				
gekannt				

ar, ahr, aar	**ark**	**ās**, āß	**asse**	**ast**
bar	Mark	aß	Gasse	Ast
dankbar	Park	besaß	Grimasse	fast
eßbar	Quark	fraß	Kasse	Gast
Februar	stark	Gas	Klasse	hast
gar		Glas	Masse	Hast
Gefahr	**arm**	Gras	passe	Last
Haar	Alarm	las	Rasse	Mast
Jahr	arm	saß	Tasse	Palast
Januar	Arm	Spaß	Terrasse	Rast
klar	Darm	vergaß		
kostbar	Schwarm		**assen**	**asten**, aßten
Paar	warm	**as**, aß	anlassen	fasten
reizbar		Atlas	entlassen	faßten
Schar	**arren**	blaß	fassen	Lasten
sogar	harren	das	freilassen	paßten
Star	knarren	etwas	hassen	rasten
unbrauchbar	scharren	Haß	lassen	tasten
undankbar	schnarren	laß	nassen	
unfaßbar	starren	naß	passen	**āt**, aht
wahr		Paß	verfassen	Akrobat
war	**art**, ahrt	was	verlassen	Attentat
zwar	Art			bat
	Bart	**asche**	**aßen**	Diktat
are, aare	Fahrt	Asche	aßen	Draht
Haare	gespart	Flasche	besaßen	Format
Paare	spart	Masche	einigermaßen	Heimat
sonderbare	zart	rasche	fraßen	Naht
Stare		Tasche	saßen	Pirat
Ware	**arten**			Plakat
	Garten	**aschen**	**asser**	privat
aren, ahren	Karten	haschen	Aufpasser	Rat
erfahren	starten	naschen	blasser	Rückgrat
fahren	warten	überraschen	nasser	Salat
im klaren		waschen	Verfasser	Skat
Scharen			Wasser	Spagat
sparen				Spinat
waren				trat
				Verrat
				Vorrat
				Zitat

att, at	**atte**	**au**	**auen**	**aufen**
Blatt	Debatte	Bau	Frauen	Haufen
glatt	Gatte	blau	hauen	kaufen
hat	Krawatte	Frau	kauen	laufen
matt	Latte	genau	klauen	saufen
platt	Matte	grau	miauen	schnaufen
Rabatt	Ratte	lau	schauen	taufen
satt	Watte	Radau	schlauen	verkaufen
Stadt		Sau	trauen	verlaufen
statt	**atten**	schlau	verdauen	
Watt	gestatten	Stau	versauen	**aul**
	hatten	Tau	zerkauen	faul
ät, äht	matten	wau, wau!		Gaul
Diät	Platten		**auer**	Kraul
gemäht	Schatten	**auben**	Ausdauer	Maul
genäht		erlauben	Bauer	
Gerät	**attern**	glauben	Dauer	**aum**
gesät	ergattern	rauben	genauer	Baum
kräht	flattern	schnauben	Lauer	kaum
mäht	knattern	schrauben	Mauer	Raum
sät	rattern	stauben	sauer	Saum
spät	schnattern		schlauer	Schaum
		auch	Trauer	Traum
aten	**atz**	auch		
baten	Aufsatz	Bauch	**auern**	**aus**
beraten	Gegensatz	Gebrauch	bedauern	Applaus
braten	Latz	Rauch	kauern	aus
Daten	Platz	Schlauch	lauern	daraus
taten	Satz	Strauch	mauern	Haus
Taten	Schatz	Verbrauch	trauern	heraus
verraten	Spatz			hinaus
waten		**auchen**	**auf**	Laus
	atzen	brauchen	darauf	Maus
atsch	kratzen	fauchen	drauf	Nikolaus
Klatsch	platzen	hauchen	herauf	Schmaus
Matsch	schmatzen	rauchen	hinauf	überaus
patsch!	schwatzen	tauchen	lauf	
Quatsch		verbrauchen	Lauf	**ausen**
			rauf	brausen
			sauf	hausen
			Verlauf	lausen
				sausen
				schmausen

aut	**echt**	**ecken**	**ehen**	**eiben**
Braut	echt	ablecken	besehen	bleiben
Haut	gerecht	anstecken	drehen	reiben
Kraut	Geschlecht	aufwecken	fernsehen	schreiben
laut	Hecht	Becken	gehen	sitzen-
	recht	Ecken	gestehen	bleiben
e ee, eh	Recht	entdecken	Rehen	treiben
ade	regelrecht	erschrecken	sehen	übrigbleiben
Allee	schlecht	lecken	stehen	unter-
auweh!	Specht	schmecken	umdrehen	schreiben
Café	zurecht	wecken	Versehen	verschreiben
Gelee			wehen	
Heimweh	**eck**	**eder**		**eich**
herrje!	Besteck	entweder	**ei**	bleich
Idee	Deck	Feder	allerlei	Deich
Kaffee	Dreck	jeder	Arznei	geistreich
Klee	Heck	Leder	bei	gleich
o jemine!	keck	weder	Blei	hilfreich
Schnee	Scheck		Brei	reich
See	Schreck	**egen**	bye, bye!	Reich
Tee	Speck	ablegen	dabei	Scheich
	Verdeck	aufregen	drei	sogleich
eben	Versteck	bewegen	einerlei	Streich
abgeben	Zweck	fegen	entzwei	Teich
angeben		legen	frei	ungleich
ankleben	**ecke**	pflegen	Geschrei	weich
aufgeben	Decke	regen	herbei	zahlreich
ausgeben	Hecke	Regen	Hexerei	zugleich
beben	Schnecke	Segen	keinerlei	
daneben	Strecke	verlegen	mancherlei	**eichen**
eben		wegen	nahebei	erreichen
erleben		weswegen	nebenbei	gleichen
geben			Partei	reichen
heben			Polizei	schleichen
kleben			rostfrei	streichen
leben			Schrei	vergleichen
Leben			sei	weichen
neben			Spielerei	Zeichen
streben			verzeih	
vergeben			vorbei	**eid**
weben			wobei	→ eit
zugeben			zwei	

eide
beide
Kleide
Kreide
Seide
Weide

eiden
abschneiden
ausschneiden
entscheiden
erleiden
kleiden
schneiden
vermeiden

eien, eihen
leihen
schneien
schreien
seien
verleihen
verzeihen
weihen

eifen
angreifen
greifen
keifen
kneifen
pfeifen
steifen

eigen
eigen
neigen
schweigen
steigen
verneigen
zeigen

eil
Abteil
Anteil
Beil
Gegenteil
Keil
Nachteil
Pfeil
Seil
steil
Teil
Vorteil

eile
Eile
Keile
mittlerweile
Teile
Weile
Zeile

eilen
eilen
erteilen
heilen
mitteilen
steilen
teilen
urteilen
verteilen

eim
geheim
Heim
Keim
Leim
Reim
Schleim

ein
allgemein
Bein
dein
ein
fein
gemein
herein
kein
klein
mein
nein
obendrein
rein
Rhein
Schein
Schwein
sein
Stein
Verein
Wein

einen
deinen
einen
kleinen
Leinen
meinen
reinen
scheinen
seinen
weinen

eis, eiß
Ausweis
Beweis
Eis
Fleiß
Greis
heiß
Kreis
Preis
Schweiß
weiß

eise
Abreise
Ameise
leise
Meise
Schneise
Speise
teilweise
Weise

eisen
abreisen
beweisen
Eisen
preisen
reisen
speisen
verreisen

eißen
beißen
heißen
reißen
schmeißen
weißen

eist, eißt
dreist
Geist
meist
reist
schreist
weißt
zumeist

eit, eid
Arbeit
befreit
Beileid
bereit
breit
Eid
Freizeit
gescheit
geschneit
Kleid
Leid
Neid
schneit
schreit
seid
seit
soweit
Streit
Uhrzeit
weit und
  breit
Zeit

eite	el, ehl	emmen,	enken	er, ehr, eer
Breite	Befehl	ämmen	Andenken	bisher
gescheite	Kamel	dämmen	denken	daher
Pleite	Mehl	hemmen	lenken	der
Seite		kämmen	schenken	er
Streite	ell, el	klemmen	schwenken	Gewehr
Weite	Fell	schlemmen	senken	Heer
	Gestell	stemmen	verrenken	her
eiten	hell		versenken	Heimkehr
arbeiten	Hotel	en, ehn		hierher
beizeiten	Modell	den	ennen	hinterher
einleiten	schnell	sehn	brennen	leer
gleiten		stehn	erkennen	Meer
leiten	elle	vergehn	ernennen	mehr
reiten	Elle	wen	kennen	nachher
streiten	Forelle	zehn	rennen	nebenher
	Geselle		trennen	Notwehr
eiter	Kapelle	ende	verbrennen	quer
Arbeiter	Kelle	Blende		schwer
breiter	Libelle	Ende	ent, ennt	sehr
Eiter	Quelle	Jahreswende	Advent	umher
heiter	Schwelle	Lebensende	Dirigent	Verkehr
Reiter	Stelle	Spende	Dokument	vielmehr
weiter	Welle	Wende	Fundament	wer
zweiter	Zelle		intelligent	woher
		enden	kennt	
ekt, eckt	ellen	absenden	konsequent	erben
Architekt	bellen	beenden	Moment	bewerben
defekt	hellen	enden	nennt	erben
direkt	prellen	senden	Parlament	kerben
gedeckt	schellen	wenden	Patent	sterben
Insekt	schnellen		Patient	verderben
Konfekt	stellen	engel, ängel	pennt	werben
korrekt	vorstellen	Bengel	Präsident	
leckt		Engel	Prozent	
perfekt	ēm, ehm	Mängel	Student	
Prospekt	angenehm	Stengel	Tempera-	
Respekt	dem		ment	
schmeckt	indem		Testament	
Sekt	Lehm		Zement	
	seitdem			
	trotzdem			
	wem			

erde
Beschwerde
Erde
Herde
Pferde

ere, eere, ehre
Beere
Ehre
Leere
Lehre
Meere
Quere
Schere

eren, ehren
belehren
bescheren
beschweren
ehren
entbehren
kehren
lehren
überqueren
wehren

ern, errn
fern
gern
Herrn
Kern
modern
Stern

ert, ehrt
abgekehrt
bedauerns-
   wert
ehrenwert
geehrt
gelehrt
lobenswert
preiswert
wert
Wert

esen
auflesen
Besen
gelesen
genesen
gewesen
lesen
Spesen
verwesen
Wesen

esse, ässe
Interesse
Kresse
Messe
Nässe
Presse

essen
dessen
essen
Essen
fressen
gemessen
messen
pressen
verfressen

esser
besser
Durchmesser
Erpresser
Esser
Fresser
Messer

est, eßt, äßt
eßt
fest
Fest
läßt
Nest
preßt
Rest
Test
verläßt

et, eht, eet
Alphabet
Beet
geht
Komet
Paket
seht
steht
weht

eter
Elfmeter
geht er
Kilometer
Meter
Treter
Vertreter

ett
A bis Zett
Bett
Brett
Brikett
fett
Fett
Kotelett
nett
Parkett
Tablett

ette
Kette
Klette
Operette
Pinzette
Plakette
Toilette
Wette

etten
Betten
fetten
Ketten
Kletten
retten
wetten

etzen
besetzen
ersetzen
Fetzen
hetzen
petzen
pfetzen
setzen
übersetzen
verletzen

etzt
allerletzt
besetzt
gesetzt
jetzt
zuletzt

euen
bereuen
erfreuen
freuen
reuen
scheuen
streuen
treuen

euer
euer
Feuer
neuer
scheuer
teuer
treuer

eule
Beule
Eule
Geheule
Keule

eulich
abscheulich
erfreulich
greulich
neulich
unerfreulich

eut	**ichen**	**ick**	**ied**	**iegel**, igel
bestreut	glichen	Augenblick	Abschied	Igel
erfreut	schlichen	Blick	Lied	Riegel
erneut	strichen	dick	Mitglied	Siegel
heut	verstrichen	Genick	Schmied	Spiegel
verstreut	wichen	Rückblick	Störenfried	Ziegel
		schick	Unterschied	
[i] ie, ieh	**icht**	Trick		**iegen**
Akademie	Bericht		**ieden**	biegen
Alibi	dicht	**icken**	entschieden	fliegen
anderswie	Gedicht	abschicken	schmieden	kriegen
Batterie	Gericht	blicken	unent-	liegen
dalli!	Gesicht	knicken	schieden	siegen
die	Gewicht	nicken	unter-	stiegen
Etui	Licht	picken	schieden	wiegen
Ironie	nicht	schicken	unzufrieden	
Knie	Pflicht	sticken	zufrieden	**iehen**, ien
Kolonie	schlicht	stricken		erziehen
Lotterie	Sicht		**ief**	fliehen
Melodie	Verzicht	**ieb**, iep	Brief	knien
nie		Betrieb	lief	liehen
Schi, Ski	**ichten**	blieb	Mief	schrien
schrie	belichten	Dieb	rief	verliehen
sie	berichten	lieb	schief	ziehen
sieh	dichten	piep	schlief	
Vieh	richten	Sieb	tief	**iel**
wie	verzichten			Beispiel
		ieben	**iefen**	gefiel
ich	**ichter**	blieben	liefen	gleichviel
ich	Dichter	geschrieben	riefen	Nachspiel
dich	Gesichter	getrieben	schliefen	Schauspiel
mich	Lichter	lieben	tiefen	Spiel
sich	Richter	schrieben	verliefen	Stiel
sprich	Schlichter	trieben		viel
Stich		verlieben	**iege**	wieviel
Strich			Fliege	Ziel
			kriege	zuviel
			Kriege	
			Liege	
			Riege	
			Wiege	

ielen	**ieren**	**iert**	**ieten**	**in**, ihn
gefielen	addieren	blamiert	anbieten	Disziplin
schielen	beschmieren	dressiert	bieten	ihn
spielen	blamieren	illustriert	brieten	Kamin
vielen	diktieren	isoliert	knieten	Medizin
zielen	erfrieren	kariert	mieten	Nikotin
	frieren	lackiert	rieten	Zeppelin
ielt, iehlt	gratulieren	raffiniert	vermieten	
behielt	ihren	verliert	verrieten	**in**, inn
gezielt	kassieren			Beginn
hielt	kopieren	**ies**, ieß	**ift**	bin
stiehlt	Manieren	blies	Aufschrift	dahin
	Nieren	dies	Gift	darin
iene	notieren	hieß	Handschrift	drin
→ ine	passieren	Kies	Lift	Kinn
	probieren	lies	Schrift	Gewinn
ienen, ihnen	radieren	ließ	Stift	Lehrerin
bedienen	rasieren	verließ		Leserin
Bienen	regieren		**ild**	Löwin
dienen	riskieren	**iese**	Bild	Sinn
erschienen	schmieren	bewiese	mild	Unsinn
ihnen	sortieren	Fliese	Schild	vorhin
Mienen	spazieren	Riese	Vorbild	wohin
schienen	studieren	Wiese	wild	
Schienen	Tieren		Wild	**ind**
verdienen		**ießen**		blind
	ierig	fließen	**ille**	Kind
ier, ir, ihr	gierig	gießen	Brille	Rind
Bier	neugierig	hießen	Pille	sind
dir	schmierig	ließen	Rille	Wind
Gier	schwierig	schießen	Stille	
hier		stießen	Wille	**inde**
ihr				Binde
Klavier		**iet**, ieht, ied	**immer**	Blinde
mir		flieht	Gewimmer	Gewinde
Offizier		Gebiet	immer	Linde
Papier		Glied	Schimmer	Rinde
Raubtier		kniet	schlimmer	
Stier		Lied	Schwimmer	
Tier		riet	Zimmer	
vier		sieht		
wir		verriet		
		zieht		

inden	**ingen**	**inks**, ings	**isch**	**ittern**
binden	besingen	allerdings	Fisch	erbittern
finden	bringen	Dings	frisch	gewittern
schinden	dringen	links	Gemisch	knittern
schwinden	entgingen	rings	Tisch	schlittern
winden	erringen		Wisch	splittern
	fingen	**innen**		zittern
ine, iene	gelingen	drinnen	**itt**, it	
Apfelsine	gingen	entsinnen	damit	**itz**
Biene	hingen	gewinnen	zu dritt	Besitz
Kabine	klingen	innen	fit	Blitz
Kantine	ringen	rinnen	Schnitt	Kitz
Lawine	singen	sinnen	Schritt	Moritz
Miene	springen	spinnen		Schlitz
Praline			**itten**	Sitz
Rosine	**inger**	**ippe**	bitten	spitz
Schiene	Dinger	Gerippe	geritten	Witz
Violine	Finger	Grippe	gestritten	
	geringer	Klippe	ritten	**itze**
ing	Ringer	Krippe	Schlitten	Hitze
Ding	Springer	Lippe	schnitten	Lakritze
Frühling		Rippe	schritten	Spitze
gering	**ingt**, inkt	Schippe	stritten	Spritze
Hering	bedingt	Sippe	Tritten	
hing	singt	Wippe		**itzen**
klingling!	sinkt		**itter**	blitzen
Liebling	stinkt	**ippen**	bitter	flitzen
Pudding	trinkt	kippen	dritter	ritzen
Ring	unbedingt	nippen	Gewitter	schlitzen
Säugling		tippen	Ritter	schnitzen
Sperling	**inken**	wippen	Splitter	schwitzen
	blinken			sitzen
	flinken	**ips**		spitzen
	hinken	Fips		spritzen
	Schinken	Gips		
	schminken	Knips		
	sinken	Schlips		
	stinken	Schwips		
	trinken	Tips		
	winken			

o	**ochen**	**ol**, ohl	**on**, ohn	**or**, ohr
anderswo	gebrochen	hohl	Diskussion	Autor
A und O	gesprochen	jawohl	entflohn	bevor
bravo	krochen	Kohl	Generation	davor
brutto	lochen	Lebewohl	Hohn	Doktor
Büro	pochen	obwohl	Inspektion	empor
ebenso	rochen	wohl	Lektion	hervor
Echo	versprochen		Lohn	Humor
hallo!		**olen**, ohlen	Person	Labor
hoho!	**ock**	befohlen	Religion	Motor
Judo	Block	empfohlen	schon	Ohr
Kilo	Bock	Fohlen	Sohn	Pastor
nirgendwo	Pflock	gestohlen	Spion	Tenor
Radio	Rock	holen	Thron	Tor
Risiko	Schock	johlen	Ton	vor
Salto	Stock	Kohlen		wovor
so		verkohlen	**one**, ohne	
sonstwo	**ocken**	wiederholen	Bohne	**oren**
sowieso	Flocken		Kanone	erfroren
Stereo	hocken	**oll**	Krone	froren
wieso	locken	Moll	ohne	geboren
wo	Socken	soll	Patrone	gefroren
	stocken	toll	Zitrone	geschworen
oben	trocken	voll	Zone	Sporen
droben	verlocken	wundervoll		Traktoren
erproben		Zoll	**onen**, ohnen	verloren
hoben	**ogen**		belohnen	
loben	belogen	**ollen**	betonen	**ören**
oben	betrogen	grollen	schonen	hören
proben	bezogen	quollen	wohnen	schwören
schoben	bogen	rollen		stören
toben	Bogen	schwollen	**opf**	verhören
woben	erzogen	sollen	Dummkopf	zerstören
	flogen	tollen	Knopf	
och	gepflogen	wollen	Kopf	**ort**
doch	logen		Kropf	dort
jedoch	verbogen		Schopf	fort
Koch	zogen		Topf	Ort
kroch			Zopf	sofort
Loch				Sport
Mittwoch				Wort
noch				

os, **oß**	**ost**	**ote**, oote	**ück**	**ug**
ahnungslos	Frost	Boote	Glück	Anzug
atemlos	Kompost	Bote	Stück	Aufzug
bewußtlos	Kost	Note	Unglück	Betrug
bloß	Most	Pfote	zurück	Bug
Büros	Ost	Tote		Flug
erfolglos	Post	Verbote	**ücke**	genug
famos	Rost		Brücke	klug
furchtlos		**u**	Krücke	Krug
groß	**osten**	dazu	Lücke	Pflug
hilflos	kosten	du	Mücke	schlug
mühelos	Kosten	hierzu	Perücke	Umzug
Schoß	Osten	huhu!	Tücke	Unfug
sprachlos	Pfosten	Iglu		
Stoß	Posten	immerzu	**ucken**	**ügen**
	rosten	im Nu	drucken	begnügen
ose		Kakadu	ducken	belügen
Diagnose	**östen**, **ößten**	Kanu	gucken	genügen
Dose	dösten	tu	jucken	lügen
Franzose	erlösten	Winnetou	schlucken	pflügen
Hose	größten	wozu	spucken	trügen
Matrose	lösten			
Narkose	trösten	**ūch**	**ücken**	**ühen**
Rose		Besuch	beglücken	bemühen
	ot, oot	Buch	bücken	blühen
ossen	Boot	Fluch	drücken	brühen
begossen	Brot	Tuch	entzücken	frühen
beschlossen	Gebot	Versuch	glücken	glühen
entschlossen	Idiot		pflücken	mühen
flossen	mausetot	**ucht**	rücken	sprühen
genossen	Not	Bucht	Rücken	
geschlossen	Pilot	Eifersucht	schmücken	**ülen**, ühlen
gossen	rot	Fahrerflucht	verdrücken	fühlen
schlossen	Schrot	Flucht		kühlen
schossen	tot	Frucht		schwülen
vergossen	Verbot	Schlucht		spülen
		Sehnsucht		wühlen
		Sucht		
		Wucht		
		Zucht		

um, umm	**unde**	**us**, uß	**ut**, uht
bum!	Kunde	Autobus	absolut
dumm	Sekunde	Beschluß	ausgeruht
Gesumm	Stunde	Bus	Blut
herum	Urkunde	Fluß	Brut
hierum	Wunde	Genuß	Flut
krumm	zugrunde	Globus	Glut
kurzum		Guß	gut
Mumm	**uppe**	Kuß	Gut
rundherum	Gruppe	Luxus	Hut
Studium	Puppe	muß	Mut
um	schnuppe	Nuß	ruht
warum	Schuppe	Omnibus	tut
zum	Suppe	plus	Wut
		Schluß	
ummer	**ur**	Schuß	**ute**
Brummer	Dur	Überfluß	blute
dummer	Figur	Virus	Blute
krummer	Flur	Zirkus	Minute
Kummer	Frisur	Zuschuß	Pute
Nummer	Kultur		Rute
Schlummer	Kur	**ust**, ußt	Schnute
Stummer	Natur	August	
Summer	nur	bewußt	**uten**
	pur	Brust	bluten
und, unt	Schnur	gemußt	fluten
Befund	Schwur	gewußt	Fluten
bunt	Spur	Lust	guten
Fund	stur	mußt	Minuten
gesund	Zensur	Verlust	ruhten
Grund			Ruten
Hund	**üren**, ühren		sputen
Mund	berühren		Stuten
Pfund	durchführen		tuten
rund	Gebühren		vermuten
Schlund	rühren		
Schund	schnüren		
und	spüren		
wund	verführen		

Inhaltsverzeichnis

Die Seitenzahlen vor dem Schrägstrich nennen Gedichte für die Klassen 1 und 2. Die Seitenzahlen hinter dem Schrägstrich nennen Gedichte für die Klassen 3 und 4.

Verfasser- und Quellenverzeichnis

Baumann, Hans
  Gegenwind 49
  Nachts, wenn es schneit 51
  Die Lesestunde 69
  Aus: Wer Flügel hat, kann fliegen.
  Reutlingen: Verlag Ensslin & Laiblin 1966

Bletschacher, Richard
  Der Bärenführer 77
  Aus: Hans-Joachim Gelberg (Hrsg.),
    Die Stadt der Kinder.
  Recklinghausen: Georg Bitter Verlag 1982

Bull, Bruno Horst
  Hexen-Leibgericht 85
  Aus: Josef Guggenmos,
    Ein Elefant marschiert durchs Land.
  Recklinghausen: Georg Bitter Verlag 1968
  Aufgepaßt! 86
  Aus: Wenn die Tante Annegret
    ohne Schirm spazierengeht.
  Recklinghausen: Georg Bitter Verlag 1969

Cornelius, Britta
  Zähneputzen 32
  Aus: Peter-Pelikan-Schulbrief,
    Nr. 8, Berlin o. J.

Ende, Michael
  Gawa Gawa Usedump 41
  Ein Schnurps grübelt 66
  Aus: Das Schnurpsenbuch.
  Stuttgart: Thienemanns Verlag 1979

Fontane, Theodor
  John Maynard 82
  Aus: Nymphenburger Fontane-Ausgabe,
    Bd. 15.
  München:
  Nymphenburger Verlagshandlung 1969

Güll, Friedrich
  Will sehen, was ich weiß
    vom Büblein auf dem Eis 22
  Aus: James Krüss (Hrsg.),
    So viele Tage, wie das Jahr hat.
  Gütersloh: Verlag S. Mohn 1959

Guggenmos, Josef
  O unberachenbere Schreibmischane 13
  Die Tulpe 19
  Der Vogel auf der Hand 29
  Wenn ein Auto kommt 32
  Was denkt die Maus am Donnerstag? 38
  Der Sperling Roderich 68
  Das Gewitter 74
  Aus: Was denkt die Maus am Donnerstag?
  Recklinghausen: Georg Bitter Verlag 1967
  Weihnacht 21

  Aus: Mutzebutz.
  Wien: Österreichischer Bundesverlag 1977
  Mein Ball 24
  Gelogen 64
  Aus: Hans-Joachim Gelberg (Hrsg.),
    Die Stadt der Kinder. A. a. O.
  Sassafras 26
  Die Nadel sagt zum Luftballon 64
  Aus: Ein Elefant marschiert durchs Land.
    A. a. O.
  Verkündigung 54
  Aus: Paul Faulbaum (Hrsg.),
    Sonniges Jugendland.
  Hannover: A. W. Zickfeldt Verlag [15]1979
  Sieben dumme Düsseldorfer Detektive 7
  Aus: Hans-Joachim Gelberg (Hrsg.),
    Geh und spiel mit dem Riesen.
  Weinheim/Basel: Beltz Verlag 1971
  Der Wind 73
  Aus: Immerwährender Kinderkalender.
  Wien: Österreichischer Bundesverlag 1958
  Große Wellen 85
  Aus: Bruno Horst Bull,
    Wenn die Tante Annegret
    ohne Schirm spazierengeht. A. a. O.

Hacks, Peter
  Der Herbst steht auf der Leiter 48
  Aus: Der Flohmarkt.
  Berlin (Ost): Der Kinderbuchverlag o. J.

Hagelstange, Rudolf
  Heidekraut und Heckenrose 46
  Aus: Blumen ABC.
  Hanau: Peters Verlag 1981

Halbey, Hans Adolf
  Pampelmusensalat 15
  Traktor-Geknatter 17
  Aus: Pampelmusensalat.
  Weinheim: Beltz Verlag 1965
  Urlaubsfahrt 61
  Aus: Es wollt ein Tänzer auf dem Seil
    den Seiltanz tanzen eine Weil.
  Aarau/Frankfurt/M.: Sauerländer 1977
  Kommt ein Tag in die Stadt 63
  Aus: Hans-Joachim Gelberg (Hrsg.),
    Die Stadt der Kinder. A. a. O.

Hoffmann, Friedrich
  Spatzensalat 25
  Aus: Walter Flacke u. a. (Hrsg.),
    Reime und Rätsel.
  Braunschweig: Westermann Verlag 1971

Holst, Adolf
  Eislauf 23
  Aus: James Krüss (Hrsg.),
    So viele Tage, wie das Jahr hat. A. a. O.

Schröder, Rudolf Alexander
Ihr Hirten 55
Aus: Gesammelte Werke, Bd. 1.
    Frankfurt/M.: Suhrkamp Verlag 1952

Schweiggert, Alfons
Schwalbenflug 47
Aus: Kinder, wie die Zeit vergeht!
    Kalenderbuch für Kinder.
    Weinheim/Basel: Beltz Verlag 1976

Seidel, Heinrich
April 44
November 50
Aus: Gedichte. Gesamtausgabe.
    Stuttgart/Berlin:
    Cotta'sche Buchhandlung Nachf. ²1913

Spohn, Jürgen
zwicke zwein 14
Aus: Der Spielbaum.
    Gütersloh: C. Bertelsmann Verlag 1970
Wie heißt du denn? 27
Hochzeit 64
Aus: Drunter & Drüber.
    München: C. Bertelsmann Verlag 1980

Storm, Theodor
Knecht Ruprecht 56
Aus: Werke, Bd. 1.
    Stuttgart:
    Cotta'sche Buchhandlung Nachf. 1958

Uhland, Ludwig
Der weiße Hirsch 80
Aus: Werke, Bd. 1.
    Frankfurt/M.: Insel Verlag 1983

Vegesack, Siegfried von
Die Stare sind da! 43
Aus: Krug und Quelle.
    Ausgewählte Gedichte.
    München/Wien:
    Verlag Langen-Müller (1963)

Weinheber, Josef
Dezember 21
Aus: O Mensch, gib acht.
    Hamburg:
    Hoffmann & Campe Verlag 1950

Wohlgemuth, Hildegard
Dieses Fußballspiel fällt aus 78
Aus: Hans-Joachim Gelberg (Hrsg.),
    Die Stadt der Kinder. A. a. O.

Unbekannte Verfasser – Volksgut
Ixen dixen 8
Aus: Janne Minck (Hrsg.), Ri-Ra-Rutsch.
    Kinderreime und Kinderlieder aus aller
    Welt.
    Frankfurt/M./Berlin: Ullstein Verlag 1958

Entje dentje 8
Pan patapan 16
Aus: Walter Flacke (Hrsg.),
    Reime und Rätsel. A. a. O.
Ane zwane 9
Eni beni 9
Ong dong dreoka 9
Aus: Hans Magnus Enzensberger (Hrsg.),
    Allerleirauh.
    Frankfurt/M.: Suhrkamp Verlag 1961